Hauptgebäude der
ETH Zürich (Ostfassade),
umgebaut und erweitert
von Gustav Gull, Aufnahme
von 1934.

Schweizer Pioniere der Wirtschaft und Technik
Band 102

Adrian Knoepfli

ROBERT GNEHM
Brückenbauer zwischen Hochschule und Industrie

INHALT

06 **Zum Geleit**
Wegbereiter der modernen ETH –
Akademische und industrielle Forschung
als Partner

10 **Auftakt**

I
12 **Herkunft: Kleinstädtisches Bürgertum**
Gerber, Bierbrauer und Gastwirt

II
16 **Student und früh Professor an der ETH**
Industrieerfahrene Professoren

III
24 **In der Industrie: Offenbach, Schwanden, Basel**
«Vorschule» bei Blaukönig Oehler –
Kolorist bei Blumer – Die Anfänge
der Teerfarbenindustrie – Bindschedler
& Busch

IV
40 **Von Ciba zu Sandoz**
Mit Bankenhilfe: Die Gründung der Ciba –
Bindschedler liefert die Schlüssel ab –
Auch Gnehm geht, samt seinen Unterlagen –
Mitgründer und Präsident der Sandoz –
Zeitlebens aufs engste verbunden –
Mit der SGCI gegen den Patentschutz

V
56 **Zurück an die Hochschule: Professor, Direktor, Schulratspräsident**
Robert Gnehm und Georg Lunge

VI
64 Ein engagierter Reformer: Umbau und Ausbau der ETH
Studienfreiheit, Promotionsrecht und neuer Name – Eine ständige Baustelle – Zwei Unbekannte in München – Berufung von Albert Einstein

VII
74 Fachautor, Rekrutierer, Experte
Handbücher und Fachartikel – Vermittler von Nachwuchskräften – Gegen die Abschottung – Rebblätter vom Rheinfall – Flecken auf Seide – Eine Bilanz

VIII
86 Robert Gnehm privat
Gutbürgerlich: Die Familie – Kein Freund der Repräsentation – Freunde und Freizeit – Lungenentzündung mit tödlichen Folgen

IX
96 Das Erbe: Von den Sandoz-Aktien zur Windler-Stiftung
Marie Gnehm: Familienpflichten statt Arztberuf – Die Erben – Geschwister Windler: Sparsam auch im Reichtum – Die Windler-Stiftung

X
106 Robert Gnehm als Pionier

ANHANG
110 Chronik
111 Bibliografie
115 Bildnachweis
116 Donatoren
117 Dank
120 Impressum

ZUM GELEIT

Wegbereiter der modernen ETH

«Wir erlauben uns daher die höfliche Anfrage, ob Sie sich gelegentlich zu einer Unterredung bereit finden liessen», schrieb Robert Gnehm 1911 an Albert Einstein, der damals als Professor an der Deutschen Universität Prag lehrte. Als Präsident des Schweizerischen Schulrates, des heutigen ETH-Rats, wollte Gnehm den genialen jungen Forscher treffen und an die Eidgenössische Technische Hochschule in Zürich holen. Obwohl sich auch Utrecht, Leiden, Wien und Berlin um Einstein bemühten, machte schliesslich Zürich das Rennen. Noch heute ist die ETH Zürich stolz darauf, dass der weltweit berühmteste Wissenschaftler zu ihren ehemaligen Studenten und zum Lehrkörper zählte.

Der ehemalige Chemie-Professor Robert Gnehm leitete, nach seiner langjährigen Tätigkeit in der Industrie, als Schulratspräsident von 1905 bis 1926 erfolgreich die Geschicke der Hochschule. Gnehm hatte nicht nur bei Berufungen eine glückliche Hand, er war auch verantwortlich für eine dringend notwendige Reorganisation des Polytechnikums im Jahr 1908, die für mehr Studienfreiheit sorgte und der Schule das Recht gab, Doktortitel zu verleihen. Dadurch stieg das internationale Ansehen der bald auch amtlich als «Hochschule» bezeichneten Institution weiter. Am meisten ins Auge fallen heute aber die Neu- und Umbauten, die in Gnehms Amtszeit als Schulratspräsident in Angriff genommen wurden. Die von weither sichtbare Kuppel über dem ETH-Hauptgebäude stammt aus jener Zeit und prägt bis heute das Zürcher Stadtbild und Hochschulquartier.

Das Amt des Schulratspräsidenten ist kein einfaches. Neben der grossen Arbeitslast musste Robert Gnehm auch Kritik an seiner Amtsführung ertragen. Er hielt sich stets zurück, trat nur selten öffentlich auf und ist vielleicht deshalb heute fast in Vergessenheit geraten. Zu Unrecht, wie ich meine, wenn man seine Leistungen im Dienste des Schweizerischen Hochschulwesens betrachtet, welche die Weiterentwicklung der ETH weit über seine Amtszeit hinaus – und architektonisch bis heute – prägten. Wahrlich eine Persönlichkeit, über die es sich lohnt, gerade in den heutigen Zeiten des Umbruchs und neuer Herausforderungen im ETH-Bereich mehr zu erfahren.

Dr. Fritz Schiesser, Präsident des ETH-Rats

Akademische und industrielle Forschung als Partner

Akademische und industrielle Forschung werden oft als Antagonisten wahrgenommen. Doch wer sich eingehend mit der Wissenschaft und ihrer Geschichte auseinandersetzt, erkennt in ihnen keine oppositionellen Kräfte, sondern sich gegenseitig ergänzende Partner, die gemeinsam, wenn auch auf verschiedene Weise, den Weg des Fortschritts beschreiten. Im Lebenswerk von Robert Gnehm verdichtet sich dieses enge Verhältnis auf exemplarische Weise und deutet gleichsam auf den verbindenden Antrieb von Akademie und Industrie hin, Innovation, Wissen und Erfahrung zu fördern.

Mit seiner Farbstoffforschung bei der Basler Anilinfabrik Bindschedler & Busch und später durch seine Tätigkeit im Verwaltungsrat der Novartis-Vorgängergesellschaften Ciba und Sandoz trug Robert Gnehm massgeblich zum Aufbau einer starken chemisch-pharmazeutischen Industrie in der Schweiz bei. Dank seines internationalen akademischen Netzwerks als Rektor der ETH Zürich gelang es ihm bereits früh, eine starke Bindung zur Hochschulforschung zu schaffen, deren Wirkung bis heute anhält.

Seine persönliche Vermittlung des ETH-Forschers Arthur Stoll, der innerhalb weniger Jahre eine erfolgreiche pharmazeutische Abteilung bei Sandoz aufbauen konnte, war dabei das erste Glied einer langen, bis in die Gegenwart reichenden Kette, die Akademie und Industrie partnerschaftlich vereint. Die zahlreichen seither von ETH und Novartis gemeinsam verfolgten Forschungs- und Ausbildungsprojekte bezeugen diese fruchtbare Zusammenarbeit.

Als Brückenbauer zwischen Wissenschaft und Praxis schuf Robert Gnehm die Basis für den unabdingbaren Wissenstransfer zwischen Hochschulen und Unternehmen, ohne die ein moderner und wettbewerbsfähiger Forschungsstandort nicht auskommt. Für diese pionierhafte Leistung gebührt ihm unsere höchste Anerkennung, der wir auch dadurch Ausdruck verleihen, dass wir die von Robert Gnehm angestossene kooperative Kultur zwischen Industrie und Akademie fortführen.

Jörg Reinhardt, Präsident des Verwaltungsrats von Novartis

Die Büste Robert Gnehms vor der Semper-Aula der ETH Zürich.

AUFTAKT

*«Unser Land, unsere Technik,
besonders aber unsere Technische Hochschule
haben einen ihrer Besten verloren.»*

Chemieprofessor Emil Bosshard
1926 in seinem Nachruf auf Robert Gnehm

Zwar steht die Büste von Robert Gnehm in der Eidgenössischen Technischen Hochschule (ETH) prominent vor dem Eingang zur Semper-Aula und der Lokalhistoriker Ernst Rippmann bezeichnete Gnehm 1951 in seinem Büchlein über Familien in Stein am Rhein als den «grössten Steiner des vergangenen Jahrhunderts». Trotzdem kennt ihn heute kaum mehr jemand. Für das Vorhaben, die Person Gnehms einem breiteren Publikum nahe zu bringen, gibt es mehrere Gründe. Gnehm, der in den 1870er-Jahren am noch jungen Poly Chemie studierte und dort bald als kurzzeitiger Stellvertreter seinen verstorbenen Professor ersetzte, war eine wichtige Schlüsselfigur in den Beziehungen zwischen der ETH und der Industrie. Er gab die begonnene akademische Karriere auf zugunsten einer langjährigen Tätigkeit in der Industrie, wo er forschte, aber auch Leitungsfunktionen übernahm – bei Bindschedler & Busch, Ciba und Sandoz. Gnehm erlebte sowohl die Pionierzeiten der technischen Hochschule als auch die Anfänge der Teerfarbenindustrie. Als es gegen die Jahrhundertwende ging, kehrte der industrieerfahrene Gnehm an die Hochschule zurück: zuerst als Professor, dann zusätzlich als Rektor und schliesslich als Präsident des Schweizerischen Schulrats. In diesen Funktionen prägte er als tatkräftiger Reformer die Modernisierung und den Ausbau der ETH entscheidend mit. Und er war erfolgreich im Bemühen, wichtige Professoren wie zum Beispiel den Chemiker Richard Willstätter ans Poly zu berufen. Daneben war Gnehm weiterhin als Experte und – in stark reduziertem Umfang – publizistisch tätig. Ein weiterer wichtiger Grund, eine Biographie von Robert Gnehm zu verfassen, sind die Sandoz-Aktien, die er bei seinem Tod hinterliess: Aus diesem, in den Händen der Nachkommen weiter gewachsenen Vermögen ging nämlich die Jakob und Emma Windler-Stiftung hervor, deren Erträge es der Stadt Stein am Rhein ermöglichen, Projekte anzupacken, die sonst nicht oder nur unter grössten Schwierigkeiten realisierbar wären. Schliesslich ist auch das familiäre Umfeld von Robert Gnehm, der aus einer traditionsreichen und gut vernetzten Bierbrauerfamilie in Stein am Rhein stammt, durchaus von Interesse. Dass der Band jetzt vorliegt, ist wesentlich dem Anstoss von Klaus Urner, dem aus Stein am Rhein stammenden ehemaligen Vorstandsmitglied des Vereins für wirtschaftshistorische Studien, zu verdanken.

I
HERKUNFT: KLEINSTÄDTISCHES BÜRGERTUM

Im «Lindwurm» in Stein am
Rhein, heute ein Museum,
kam Robert Gnehm zur Welt.

Die Familie, in die Robert Gnehm hineingeboren wurde, gehörte in Stein am Rhein seit mehreren Generationen zur gut situierten lokalen Oberschicht. Seit dem mittleren 18. Jahrhundert bekleideten seine Vorfahren regelmässig politische Ämter oder vergleichbare Chargen. Beruflich waren sie meist Inhaber von Gewerbebetrieben. Robert Gnehm kam am 21. August 1852 als viertältestes von sechs Kindern von Johann Jakob Gnehm (1810–1875) und Maria Verena Gnehm-Gräflein (1815–1899) zur Welt. Er wuchs mit einem zehn Jahre älteren Bruder (Johann Jakob), einer älteren Schwester (Aline) sowie zwei jüngeren Zwillingsschwestern (Emma und Bertha) auf. Die erstgeborene Tochter (Seline) war im Alter von vier Jahren gestorben. Gnehms Elternhaus, der von seinem Vater 1853 erworbene «Lindwurm», steht mitten im Städtchen Stein am Rhein. Wie man zur Zeit von Gnehms Geburt in einem gutbürgerlichen Haushalt lebte, vermittelt ein Gang durch den «Lindwurm», der in den 1990er-Jahren in ein Wohnmuseum umgestaltet wurde. Im «Lindwurm» «spiegeln einerseits die Glockenzüge und andererseits das Bett des Kindermädchens im Kinderzimmer die Spannung zwischen Nähe und Distanz wider, die in einem Haushalt herrschte, in welchen Herrschaft und Dienstboten gleichermassen eingebunden waren», schreibt Michael Gasser in der Schaffhauser Kantonsgeschichte. Schriftliche Quellen über das Leben der Gnehms um die Jahrhundertmitte liegen nicht vor.

Gerber, Bierbrauer und Gastwirt

Johann Jakob Gnehm war, so Gasser, «fest im öffentlichen Leben verankert»: Er besetzte verschiedene städtische Ämter, besass eine Bierbrauerei mit dazugehörigem Gasthof, kommandierte als Oberstleutnant ein Schaffhauser Infanterie-Bataillon und stand einem Landwirtschaftsbetrieb vor. Dessen Stall und Scheune befanden sich, am «Fronhof» gelegen, auf der Rückseite des «Lindwurms». Die Verbindung von Gewerbe und Landwirtschaft war damals in Stein am Rhein eine Selbstverständlichkeit, das Bauernleben im Kleinstädtchen bis weit ins 20. Jahrhundert, mit den entsprechenden Geräuschen und Gerüchen, sehr präsent. Ursprünglich war Robert Gnehms Vater Gerber, wie auch der Vater von Gnehms Mutter. Die Gerberei – ihre Geruchsimmissionen waren noch weit massiver – war in Stein am Rhein zahlreich vertreten, und erst 1976 verschwand mit der Lederfabrik Irmiger der letzte Steiner Betrieb dieser Branche. 1861 übersiedelte Johann Jakob Gnehm in den «Adler», den er gekauft hatte, und fortan betrieb die Familie dort während gut vierzig Jahren den Gasthof und die Brauerei. 1862 rief der Vater Robert Gnehms zehn Jahre älteren Bruder Johann Jakob Gnehm-Billo (1842–1922) aus der Fremde zurück, «dass er die Brauerei zum Adler übernehme und selbständig führe». Er hatte nach dem Besuch der Kantonsschule in Frauenfeld in Zürich den Bierbrauerberuf erlernt und anschliessend in München,

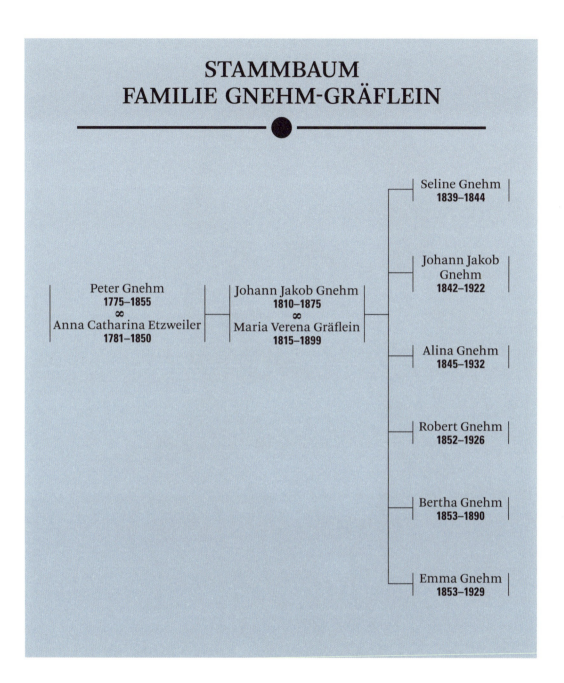

Schweinfurt und Lyon gearbeitet. Die Brauerei «Zum Adler» erlebte in der Folge eine Blütezeit. 1905 wurde das Geschäft – die Konzentration in der Bierbranche hatte bereits eingesetzt – an die Schaffhauser Brauerei Falken verkauft. Das hatte vermutlich auch mit Nachfolgeproblemen zu tun, waren die Söhne von Johann Jakob Gnehm-Billo doch in anderen Branchen tätig, als Chemiker, Kaufmann im Eisenhandel und als Journalist.

II
STUDENT UND FRÜH PROFESSOR AN DER ETH

Robert Gnehm
in jungen Jahren.

Nach Absolvierung der Schulen in Stein am Rhein und des Gymnasiums in Schaffhausen nahm Robert Gnehm 1869/70 mit dem Besuch des Vorkurses das Studium an der Chemisch-technischen Abteilung des Eidgenössischen Polytechnikums auf. Dazu brauchte er die Einwilligung des Vaters. Warum Robert Gnehm studieren durfte und weshalb er sich für das Studium der Chemie entschied, ist nicht überliefert. Vermutlich kam ihm entgegen, dass die Nachfolge in der Brauerei durch seinen älteren Bruder bereits gesichert war. Zudem war der Familie das akademische Milieu nicht ganz fremd, hatte Gnehms Schwester Alina doch längst in die deutsche Pfarrersdynastie Hofacker eingeheiratet. Die ETH war damals erst 14 Jahre alt und noch absolut schulmässig organisiert. An den Vorkurs schloss sich in den Jahren 1870 bis 1872 das Studium an. Gnehm besuchte im ersten Jahreskurs Vorlesungen bei den Professoren Weith (Experimentalchemie), Mousson (Chemische Physik), Tuchschmid (Fabrikation chemischer Produkte), Kenngott (Mineralogie), Cramer (Botanik), Fritz (Maschinenlehre), Wislicenus (Organische und Analytische Chemie), Kopp (Metallurgie, Technisches Praktikum) und Frey (Zoologie), wobei er in den meisten Fächern mit glänzenden Noten abschloss. Im zweiten Jahreskurs lag das Schwergewicht seiner Vorlesungen beim Chemiker Kopp, neu kamen Kronauer (Mechanische Technologie), Escher von der Linth (Technische Geologie) und Brunner (Pharmazeutische Chemie) hinzu. An nichtobligatorischen Fächern hörte sich Gnehm, wie seiner Matrikel zu entnehmen ist, «Goethe's Faust» von Kinkel, die «Geschichte der deutschen Literatur» und die «Geschichte des Krieges von 1870» an. Die übrigen Freifächer belegte er wiederum in der Sparte Chemie.

Der prägende Lehrer von Gnehm war Emile Kopp (1817–1875). Nach dem Erwerb des Diploms als «technischer Chemiker» wurde Gnehm 1872, mit 20 Jahren, dessen Hilfsassistent und 1875 sein erster Assistent. Im gleichen Jahr doktorierte er an der philosophischen Fakultät der Universität Zürich – die ETH hatte noch kein Promotionsrecht – und habilitierte sich für chemische Fächer am Polytechnikum. Als Emile Kopp plötzlich starb, betraute man Gnehm Ende November 1875 mit dessen Stellvertretung. Diese nahm er bis zum Schluss des Wintersemesters wahr, indem er das Praktikum leitete und Vorlesungen über Färberei, Bleicherei, Zeugdruck, die Fabrikation chemischer Produkte sowie Glas-&Tonwaren hielt. Im Frühjahr 1876 beantragte der Schulrat beim Bundesrat, «in Anerkennung der vielfachen guten Dienste, welche Herr Dr. Gnehm namentlich in der Eigenschaft als Stellvertreter des Hrn Professor Kopp der Anstalt geleistet hat», ihm den Titel Professor zu erteilen, und der Bundesrat folgte dem Antrag. Zuvor hatte Gnehm bereits mit einem Kollegen Vorlesungen in mechanischer Technologie gehalten, als Ersatz für den verstorbenen Professor Johann Heinrich Kronauer (1822–1873). Gnehms Werdegang war insofern nicht ungewöhnlich, als ein früher Studienbeginn, kurze Studienzeiten und eine Promotion

a

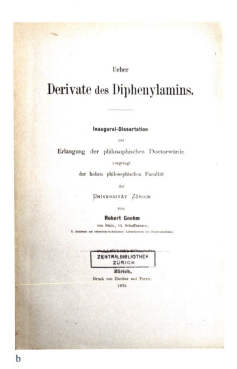

b

a | Die Familie von Robert Gnehm 1864: vorne die Eltern, eingerahmt von den Zwillingen Bertha und Emma, dahinter Johann Jakob, Aline, Robert und Schwiegersohn Ludwig Hofacker.
b | Titelblatt der Dissertation von Robert Gnehm, 1872.
c | Im «Adler» (rechts) betrieb der Bruder von Robert Gnehm ein Gasthaus und eine Brauerei.

c

bereits in jungen Jahren – bei einer im Vergleich zu heute viel geringeren Wissensmenge – häufig waren. Ausserordentlich war hingegen seine Blitzkarriere zum Professor.

Als Assistent von Kopp war Gnehm beteiligt an der Entdeckung des gelb-roten Farbstoffs Aurantia oder Kaisergelb. Die Forscher haben ihn im Jahre 1874 in den Berichten der «Deutschen Chemischen Gesellschaft» beschrieben, also zu einer Zeit, da die Teerfarbenindustrie noch in ihren Anfängen steckte. Die praktische Verwendung dieses Farbstoffes, der berufen schien, in der Woll- und Seidenfärberei eine Rolle zu spielen, musste allerdings infolge seiner unangenehmen Einwirkungen auf die Haut der Arbeiter wieder aufgegeben werden. «Die starke Reizwirkung auf die Haut verbot zwar seine praktische Anwendung in der Färberei, nicht aber seine Brauchbarkeit als Thema einer Dissertation», hielt der Basler Chemieprofessor Friedrich Fichter dazu fest. Gnehms Dissertation «Über Derivate des Diphenylamins» enthält Untersuchungen über die chemischen Beziehungen dieses Farbstoffes und vieler anderer, verwandter Substanzen. Gnehms Korrespondenzen über die Sitzungen der Zürcher Chemischen Gesellschaft wurden in den Berichten der «Deutschen Chemischen Gesellschaft» parallel zu denjenigen aus der Académie des Sciences in Paris und aus andern gelehrten Gesellschaften abgedruckt, was gemäss Fichter schlagend zeigte, «welche Bedeutung man in Deutschland der in der Schweiz geleisteten chemischen Forschungsarbeit beimass». Auf jeden Fall war Gnehm schon in jungen Jahren im internationalen Kreis der Chemiker angekommen.

Industrieerfahrene Professoren

Gnehms Lehrer Emile Kopp, ein Elsässer, wies wie viele andere Chemieprofessoren eine breite Industrieerfahrung auf, und zudem hatte er eine bewegte Vergangenheit. Kopp erlangte bereits mit 18 Jahren die Doktorwürde und begann zunächst eine akademische Laufbahn. Im Zuge der radikalen Bewegungen des 19. Jahrhunderts musste er sein Heimatland – zumindest vorübergehend – verlassen, womit er unter den Professoren alles andere als ein Einzelfall war. 1848 nahm er an der Revolution teil, und 1849 war er einer der Repräsentanten des Departements Niederrhein in der Legislative in Paris, doch wurde er «wegen seiner Theilnahme an der Manifestation vom 13. Juli in Anklagezustand versetzt und zur Deportation verurteilt», wie es 1880 im Verzeichnis der Gesellschaft ehemaliger Polytechniker (GEP) in einem Rückblick auf verstorbene Professoren der ETH heisst. Kopp fand in einem Eisenwerk in den Vogesen Unterschlupf. Gegen Ende 1849 erhielt er einen Ruf an die Académie in Lausanne. Der Staatsstreich vom 2. Dezember 1851 rief Kopp wieder auf die politische Bühne, worauf er vom Bundesrat ausgewiesen wurde. Der Waadtländer Staatsrat wehrte sich zwar

JUGENDLICHES ALTER

Mit seinem jugendlichen Alter war Gnehm unter den Professoren keine Ausnahme. Der Deutsche Wilhelm Weith (1846–1881) zum Beispiel, ebenfalls Sohn eines Bierbrauermeisters, nahm 16-jährig das Studium der Chemie an der ETH auf. Er promovierte 1865, habilitierte sich 1866 an der Universität Zürich und übernahm Vorlesungsvertretungen für Georg Städeler (1821–1871), der ebenfalls Deutscher war. 1871 wurde er an der Universität ausserordentlicher, 1874 ordentlicher Professor für Chemie. Früh gelang Weith die Aufstellung der Formel für Nitroprussidverbindungen. Weitere Entdeckungen folgten und Weith zeigte erstmals einen Weg auf, um von der Anilinreihe in die Klasse der Benzoesäuren zu gelangen. In späten Arbeiten führte Weith chemische Analysen von Schweizer Seen durch und setzte sie in Beziehung zu deren Fauna.

dagegen, doch verliess Kopp die Schweiz freiwillig und wurde in England bei Manchester in einer der ersten Türkischrot-Färbereien tätig. Seine Arbeiten und Untersuchungen waren von nun an «mehr und mehr auf praktische industrielle Anwendung gerichtet». Amnestiert, kehrte Kopp 1855 nach Frankreich zurück, wo er in einer Metallwarenfabrik arbeitete, aber weiter auf dem Gebiet der Chemie forschte. 1868 folgte die Berufung nach Turin. 1870 schliesslich wurde er Nachfolger seines Schwiegervaters Pompejus Alexander Bolley (1812–1870) an der ETH.

Kopp habe «nie aufgehört, sich in jeder Beziehung der Industrie nützlich zu machen», heisst es im erwähnten Rückblick von 1880 weiter. «Von Nah und Fern ward sein Rath, sein Beistand begehrt. Und wie er überall das Richtige zu treffen wusste, wie uneigennützig und zuvorkommend er immer helfend entgegentrat, das können alle diejenigen erzählen, welche mit ihm in Berührung kamen.» Die Praxiserfahrung bzw. der Praxisbezug war hier also, im Unterschied zu anderen Departementen der Hochschule, gegeben. Kopps Vorgänger Bolley war zwar nicht selbst in der Industrie tätig, bemühte sich aber «im Zusammenhang mit seinen Forschungsschwerpunkten Stofffärberei und -druck sowie Gespinstfasertechnologie (v.a. Seide) [...] intensiv um die Förderung der einheimischen Industrie», wird im Historischen Lexikon der Schweiz festgehalten. «Die Chemie des Polytechnikums war nun ideal auf die Interessen der Basler Teerfarbenindustrie ausgerichtet. Die ETH war damit den kantonalen Universitäten um zwei bis drei Jahrzehnte voraus. Erstaunlich, dass auch die Basler Universität erst Ende der 1880er-Jahre einen ersten industrienahen organischen Chemiker einstellte», bemerkte Stephan Appenzeller 2001 im ETH-Bulletin zu den Berufungen von Emile Kopp und Viktor Meyer.

Nachfolger von Kopp wurde Georg Lunge (1839–1923), nachdem man Heinrich Caro (BASF) aus Mannheim, Paul Schützenberger aus Paris und Rosenstiel aus Mulhouse nicht bekommen hatte. Auch Lunge, auf den Caro aufmerksam gemacht hatte, trat sein Amt mit einer breiten Industrieerfahrung an und gehörte bald zu den zentralen Figuren der Schweizer Chemie. In Lunges Zeit fielen die ersten Vorlesungen über «Künstliche organische Farbstoffe», unter anderem von Robert Gnehm (1877) gehalten, der auch bei Lunge erster Assistent blieb. Lunge übernahm diese Vorlesungen dann selbst und trat sie 1894/95 wieder an Gnehm ab, als dieser aus der Industrie zurückkehrte. Die Abteilung für Chemie verdanke «den hohen Stand ihrer Lehre und Forschung profilierten Führerpersönlichkeiten, die die Praxis aus eigener Erfahrung kannten», stellte Robert M. Kunz 1980 rückblickend in der «Neuen Zürcher Zeitung» fest. Das galt auch für die Professoren des 20. Jahrhunderts. Beim Farbstoffchemiker Hans Eduard Fierz-David (1882–1953), Ordinarius von 1917 bis 1952, wird die Verbindung zur Industrie ebenfalls herausgestrichen, und nach Fierz fanden weitere erfolgreiche Industriechemiker aus verschiedenen Bereichen den Weg als Dozenten an die ETH.

a | Die Matrikel von Robert Gnehm: Sie gibt Auskunft über besuchte Vorlesungen und Prüfungsergebnisse.
b | Gnehms Notizen für seine Vorlesung im Sommersemester 1876 über Baumaterialien.

III
IN DER INDUSTRIE: OFFENBACH, SCHWANDEN, BASEL

Die Chemische Fabrik
Bindschedler & Busch, 1879.

Robert Gnehm studierte nicht nur bei industrieerfahrenen Professoren, sondern er pflegte auch selbst entsprechende Kontakte und besuchte als Dozent mit seinen Studenten Fabriken, um die chemischen Verfahren in der Praxis kennenzulernen. Im Herbst 1876 ersuchte Gnehm das Polytechnikum «in Folge Übertrittes in die praktische Thätigkeit» um «die Entlassung von der Stelle eines ersten Assistenten am chemisch technischen Laboratorium & als Dozent am Polytechnikum». Er brach also seine akademische Laufbahn ab und trat 1877 in die Anilinfarbenfabrik Oehler im hessischen Offenbach ein, wo bereits sein zwei Jahre älterer ETH-Kollege und Freund Alfred Kern (1850–1893) angestellt war. Kern (📖 **23, Dr. A. Kern** und **44, Alfred Kern**) hatte von Herbst 1868 bis August 1870 studiert. Danach war er zwei Jahre als zweiter Assistent im chemisch-analytischen Laboratorium von Professor Johannes Wislicenus (1835–1902) tätig gewesen.

«Vorschule» bei Blaukönig Oehler

«Zu jener Zeit war eine erste Tätigkeit in der Anilinfarbenfabrik von K. Öhler in Offenbach a. M. die Vorschule für den Erfolg als Chemiker in der Schweiz», bemerkte Chemieprofessor Friedrich Fichter 1941 vor der Schweizerischen Naturforschenden Gesellschaft. Karl Oehler (1797–1874), der aus Aarau stammte und zuvor die Färberei seines Schwiegervaters Johann Georg Hunziker-Frey führte, hatte den Betrieb in Offenbach 1850 übernommen. Ursprünglich war er als Lehrer für alte Sprachen und Geschichte tätig gewesen und hatte das Chemiestudium erst später absolviert. Am 13. April 1872 gelangte sein Sohn Karl Oehler (1836–1909), kaufmännischer Direktor des Unternehmens, an Professor Wilhelm Weith vom Chemischen Institut der Universität Zürich und bat ihn um Empfehlung eines jungen, tüchtigen Chemikers. Weith leitete die Anfrage an ETH-Professor Wislicenus weiter, der sofort seinen Assistenten Kern empfahl. Gut zwei Wochen später wurde Kern von Oehler angestellt. Karl Oehler senior, der in Paris eine Zeit lang mit dem später berühmten Chemieprofessor Justus von Liebig (1803–1873) in einem Zimmer gewohnt hatte und mit ihm befreundet war, gehörte zu den Pionieren der Teerfarbenindustrie, wobei seine Söhne die treibenden Kräfte waren. Den Anstoss hatte Sohn Eduard gegeben. Dieser studierte Chemie an der ETH und bildete sich danach an der Ecole polytechnique in Paris weiter, wo er die Teerfarben kennenlernte. Anfang 1860 von seinem Vater zurückgerufen, unternahm er es, «von seinem Bruder Karl unterstützt, die neuen Teerfarbenverfahren in den kleinen, so wenig ertragreichen Betrieb in Offenbach einzuführen, obwohl der Vater anfänglich gegen dieses neue ungewisse Wagnis war», heisst es in der Familiengeschichte «Die Oehler von Aarau». Die Erfindung des Perkinschen Violetts und des Fuchsins eröffneten ein Betätigungsfeld, das «besseren finanziellen Erfolg» versprach. «Ausgangsprodukte wie Anilin, Salpe-

Die Fabrikanlagen von Oehler in Offenbach, um 1900.

tersäure und Arsensäure wurden anfänglich selbst hergestellt.» 1861 brachte den ersten Gewinn. «1862 folgte die Herstellung von Anilinblau und Violett aus dem roten Fuchsin, 1864 das Aldehydgrün und das Jodviolett. Die blauen Farben wurden zu Hauptartikeln und brachten dem Inhaber des Werkes den Titel ‹Blaukönig› ein», so die Familiengeschichte.

1878 arbeiteten neben Kern auch die Schweizer Chemiker Carl Jaeger (seit 1871), der mit der Familie Oehler verwandt war, Johannes Kunz und H. Züblin (beide seit 1878) bei Oehler. Robert Gnehm war bereits nicht mehr in Offenbach, sondern in Schwanden im Kanton Glarus in Stellung. Kunz wechselte später wie Kern und Gnehm zu Bindschedler & Busch in Basel, stieg bei der Nachfolgefirma Ciba in die Direktion auf und wurde dort schliesslich zum Widersacher von Gnehm. Ebenfalls in Offenbach Station machte Gnehms Studienkollege Otto Billeter, später Chemieprofessor an der Akademie Neuenburg. 341 der total 856 Mitglieder (darunter 71 Chemiker) der Gesellschaft ehemaliger Polytechniker (GEP) lebten damals im Ausland. Kern war der GEP-Vertreter für Deutschland.

Wie erfolgreich Oehler war, zeigt die Beschreibung des Lebensstils seines Sohnes Eduard Oehler (1837–1905) in der Familiengeschichte: «Neben der Fabrik an der Obermainstrasse 55 erbaute Eduard in den siebziger Jahren ein ansehnliches Wohnhaus in einem grossen Park. Dazu gehörten Stallungen für Reit- und Kutschenpferde, Gärtnerwohnungen, Remisen, eine Turnhalle, ein Schwimmbad, eine Kegelbahn, Treibhäuser, ein Hühnerhof und ein riesiger Obst- und Nutzgarten. Im Herrschaftshaus fanden in der Glanzzeit manche grosse Empfänge und Festlichkeiten statt.» Die Einrichtung, vorwiegend im Stil Ludwigs XV., stammte aus Paris. Die Frühstückstafel soll meist für 24 Personen gedeckt gewesen sein. 1905 verkaufte Eduard Oehler das Unternehmen an die «Chemische Fabrik Griesheim-Elektron». Mit Griesheim landete das Werk 1925 im Verbund der IG Farbenindustrie, und als die Alliierten diesen Konzern nach 1945 zerlegten, entstand aus dem Offenbacher Werk die «Naphtol-Chemie Offenbach», die wieder einige Jahre später in die Hoechst AG integriert wurde. 1997 übernahm Clariant aus dem Hoechst-Erbe die einstige Oehler, verkaufte sie später aber weiter. Im Jahr 2010 wurde der Offenbacher Betrieb, einst grösster Arbeitgeber der Stadt, stillgelegt.

Kolorist bei Blumer

Über Gnehms Zeit bei der Batikdruckerei Blumer in Schwanden, wo er von 1878 bis 1880 arbeitete, ist praktisch nichts bekannt. Seine Tätigkeit als Kolorist illustrieren vier Fabrikationsbücher, die in seinem Nachlass vorhanden sind und in denen die Produktionsverfahren festgehalten und mit den entsprechenden Stoffmustern illustriert sind. Die Batikdruckerei Gebrüder Blumer war 1867 durch die drei Blumer-Brüder von der ursprünglichen Firma P. Blumer & Jenny abgespalten worden. Das im italienischen Ancona ansässige Handelshaus P. Blumer & Jenny hatte 1828 in Schwanden eine Textildruckerei in Betrieb genommen und 1842 als erste Glarner Firma – durch Imitation von aus Asien mitgebrachten Drucken – den industriellen Batikdruck eingeführt. Nach 1860 erreichte die Firma, wie der Glarner Textildruck insgesamt, ihren Höhepunkt und beschäftigte in Schwanden über 600 Personen. Bei der Abspaltung wurde vereinbart, dass sich die Gebrüder Blumer auf den Druck von Batikartikeln konzentrierten, während das Stammhaus diesen Zweig aus seinem Sortiment strich. Chef des neuen Unternehmens, dessen Fabrik «im Wyden» stand, war Eduard Blumer (1848–1925), der spätere Glarner Landammann, eidgenössische Parlamentarier und Wirtschaftsdiplomat. Anfang der 1880er-Jahre geriet der Glarner Batikdruck in eine starke Krise, teils wegen der Schwankungen des Silberkurses und schlechten Ernten in den Absatzländern, aber auch wegen der schärfer werdenden Konkurrenz. «Neben Einhaltung der grössten Ökonomie in der Fabrikation verhalfen die neu-auftauchenden Farbstoffe der Alizarin-Reihe und andere neue solide Theerfarbstoffe den Glarnern dazu, das zum Teil verlorene Feld wieder zurückzuerobern, indem sie jene zu bisher noch nicht gesehenen, interessanten ‹Flusseffekten› benutzten», schreibt Adolf Jenny-Trümpy aus der Textildynastie Jenny (**99, Glarner Textilpioniere**) zur Überwindung der Krise. Da war Robert Gnehm aber schon weitergezogen, nach Basel, ins Zentrum der Schweizer Teerfarbenindustrie, in welcher auch er eine wichtige Rolle spielen sollte.

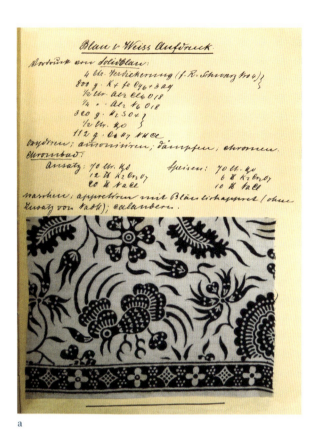

a | Stoffmuster aus einem Fabrikationsbuch von Robert Gnehm aus seiner Zeit bei der Batikdruckerei Blumer in Schwanden.
b | Die Blumer-Fabrik «im Wyden» in Schwanden, 1878.

Die Anfänge der Teerfarbenindustrie

Die noch junge Teerfarbenindustrie befand sich inzwischen in voller Entwicklung. In Greenford Green bei London hatte 1857 Henry William Perkin (1838–1907) mit der Mauvein Factory Perkin & Company die erste Anilinfarbenfabrik der Welt errichtet. Ebenfalls an der synthetischen Herstellung von Farbstoffen tüftelten der Kaufmann Friedrich Bayer (1825–1880) und der Färber Johann Weskott (1821–1876) herum, die 1863 in Wuppertal ihre eigene Firma gegründet hatten. Der Hunger der immer stärker automatisierten Textilbranche nach Farbstoffen war enorm und natürliche Färbemittel wurden zunehmend knapp und teuer, so dass die synthetische Gewinnung von Farbstoffen einen Boom erlebte. Start-ups in diesem Bereich schossen weltweit wie Pilze aus dem Boden. Zu den Pionieren in Deutschland gehörte wie erwähnt auch Gnehms zeitweiliger Arbeitgeber Oehler in Offenbach, der 1861 die Produktion von Anilinfarben aufnahm.

Die erste Anilinfarbenfabrik in Basel war diejenige von Alexandre Clavel-Linder (1805–1873), der 1859 im Laboratorium seiner Seidenfärberei mit der Fuchsin-Fabrikation begann. Clavel war mit den Gebrüdern Renard in Lyon, den Inhabern des Fuchsin-Patents, verwandt. Im gleichen Jahr nahm auch J. R. Geigy, dessen Firma ursprünglich eine Drogenwarenhandlung war, die Fabrikation von Anilinfarben auf. Bereits 1860 trat Geigy diese Produktion an die Firma J. J. Müller & Cie. ab, die 1864 wiederum von Geigy übernommen wurde. Vorangetrieben wurde die Entwicklung durch die Tatsache, dass vor allem wegen des rigorosen französischen Patentgesetzes – es schützte nicht nur das Verfahren, sondern auch das Endprodukt – eine Anzahl französischer Chemiker und Unternehmer in die Schweiz zog, nach La Plaine bei Genf und vorwiegend nach Basel. Auch der Deutsche Ernst Karl Ferdinand Petersen (1828–1908) kam 1862 von Saint-Denis nach Schweizerhalle, wo er in einer zunächst gemieteten, dann gekauften chemischen Fabrik Farben produzierte. Im selben Jahr startete Gaspard Dollfus (1812–1889) die Fabrikation von Anilinfarben, 1864 wurde die Anilinfarbenfabrik A. Gerber & Uhlmann gegründet. Innerhalb von wenigen Jahren waren so fünf konkurrierende Unternehmen entstanden.

Nach 1871 erfolgte der eigentliche Aufschwung der Farbenindustrie. Die neuen, synthetischen Farben begeisterten, und mit der blühenden Seidenbandindustrie in der Region war der Absatz gesichert. Aber auch andere Zweige der Textilindustrie, nicht zuletzt im benachbarten Elsass, zählten zu den Kunden. Trotzdem wollte sich Alexandre Clavel auf die Färberei konzentrieren und verkaufte seine Farbenfabrikation 1873 – ganz kurz vor seinem Tod – an eine Firma, welche die beiden Winterthurer Robert Bindschedler und Albert Busch neu gegründet hatten.

Zwischen all den Gründungen und Gründern gab es eine Reihe von personellen Fäden und Verbindungen. Oder anders gesagt: In der Frühzeit der

Chemie kannte offensichtlich jeder jeden. Adolf Jenny-Trümpy führt in seiner Übersicht über «Handel und Industrie im Kanton Glarus» den Erfolg der Schweizer Teerfarbenindustrie auch zurück auf «die wissenschaftlich gebildeten Kräfte, welche das 1855 eröffnete eidg. Polytechnikum jenem neuen Zweige der Technik zuführte». In den Anfängen war Clavel bei schwierigeren Problemen allerdings, wie Michael Bürgi in seiner Arbeit über die Pharmaforschung bemerkt, auf die Expertise von deutschen Hochschulprofessoren angewiesen wie beispielsweise dem in Berlin lehrenden Chemiker von Hofmann, der sich in seinen Forschungsarbeiten ausführlich mit Farbstoffchemie beschäftigte. August Wilhelm von Hofmann (1818–1892) studierte in Giessen bei Justus von Liebig und wurde dessen Assistent. Von Hofmann gilt als der Wegbereiter für die Erforschung der Anilinfarbstoffe in England und Deutschland. 1845 übernahm er eine Professur am Chemischen Institut der Royal School of Miners in London, wo unter anderen William Henry Perkin zu seinen Schülern gehörte. Von 1865 bis 1892 lehrte von Hofmann an der Friedrich-Wilhelms-Universität in Berlin, und 1867 gründete er zusammen mit Adolf Baeyer und anderen nach dem Vorbild der britischen Chemical Society die Deutsche Chemische Gesellschaft, in deren Berichten ab den 1870er-Jahren auch Gnehm publizierte. In den Kontroversen über die Chemikerausbildung in Deutschland nahm von Hofmann eine vermittelnde Position ein. Dabei standen sich zwischen 1870 und 1900 Industrievertreter, die mehr praxisnahe Forschungsarbeiten wünschten, und Hochschullehrer, welche die freie Forschung erhalten wollten, gegenüber.

Chemiker für Labors und Fabrikation bildete seit 1875 auch das neu gegründete Technikum Winterthur aus, wobei man sich an den Bedürfnissen der Textilveredlungsindustrie orientierte. Das Hauptgewicht der Lehrgänge lag in der praktischen Laborausbildung. All das führte zum Heranwachsen einer Angestelltenschaft, was Mario König, Hannes Siegrist und Rudolf Vetterli in ihrer Studie «Warten und Aufrücken» unter anderem am Beispiel Geigy untersuchten: «Die anspruchsvolle Technik chemischer Prozesse sowie der harte Konkurrenzkampf auf international weitgespannten Absatzmärkten hatten zur Folge, dass die Firma bereits früh einen technisch-wissenschaftlichen Stab sowie einen relativ viel aufwendigeren kaufmännischen Apparat unterhielt als Textilunternehmen von vergleichbarer Grösse.» Neben etwa 200 Arbeitern beschäftigte Geigy 1890 bereits über ein Dutzend Chemiker und 19 kaufmännische Angestellte. In den Basler Fabriken insgesamt waren es 1896 rund 80 Chemiker, neben 1300 Arbeitern und 140 Büroangestellten. Ihre internationale Position konnte die Schweizer Teerfarbenindustrie im letzten Viertel des 19. Jahrhunderts halten. Vom Gesamtwert der in Deutschland, England, Frankreich und der Schweiz produzierten Teerfarben, der sich in knapp 25 Jahren von 53.5 Mio. auf 150 Mio. Franken beinahe verdreifachte, entfielen 1875 13.1% auf die Schweiz, 1896 12.8% und 1899 12.0%.

Die Entstehung und Weiterentwicklung der Anilinfarbenfabriken in Basel

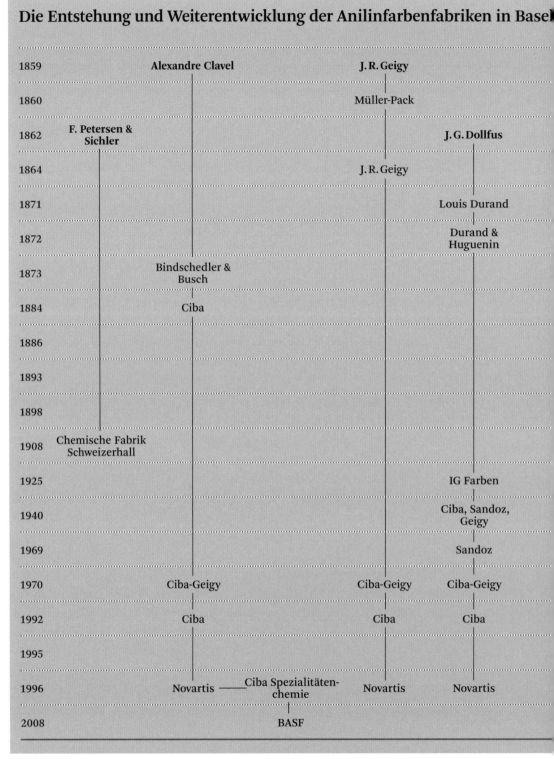

Der Stammbaum der Basler Teerfarbenindustrie. Fast alle Anilinfarbenfabriken landeten bei Novartis.

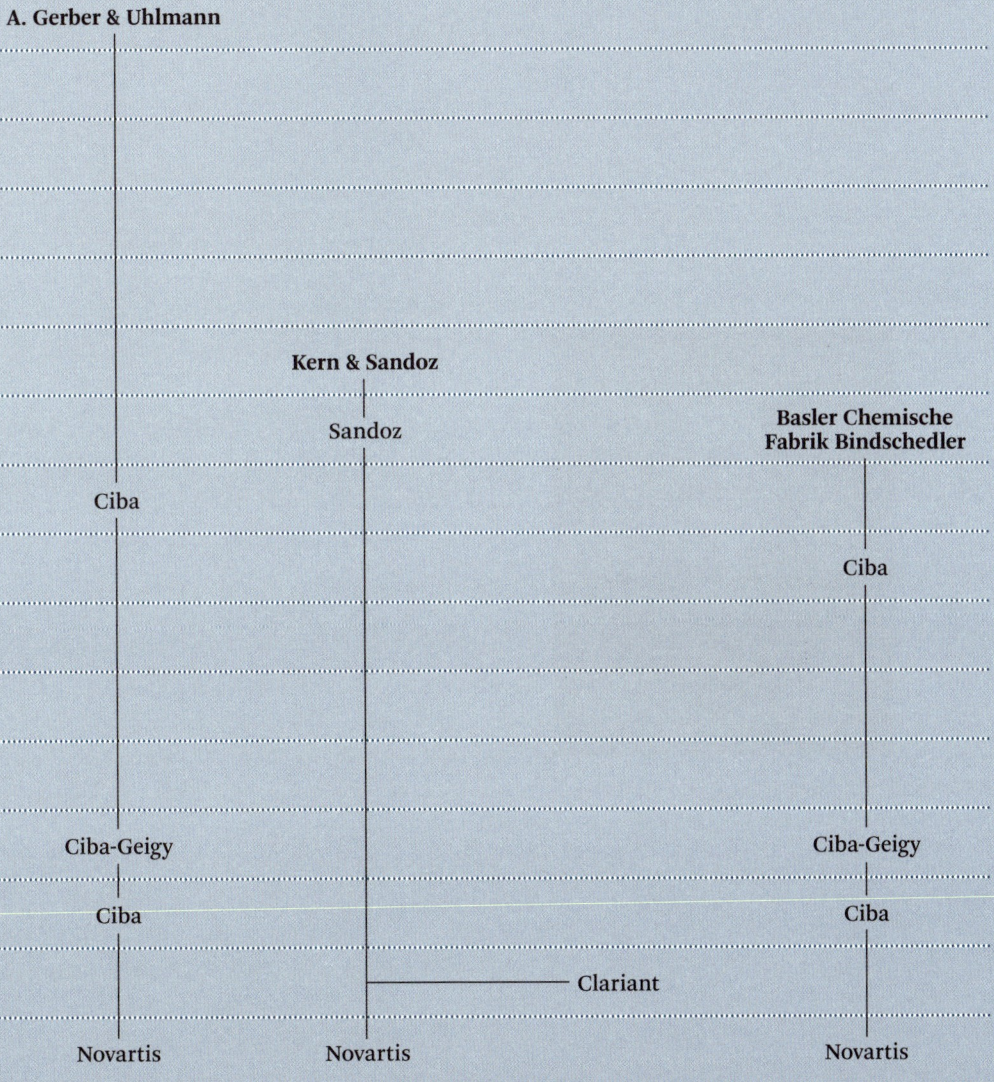

A. Gerber & Uhlmann

Kern & Sandoz

Sandoz

**Basler Chemische
Fabrik Bindschedler**

Ciba

Ciba

Ciba-Geigy

Ciba-Geigy

Ciba

Ciba

Clariant

Novartis

Novartis

Novartis

BINDSCHEDLERS GRÜN

Bindschedlers Name werde mit dem Indamin «Bindschedlers Grün», «das zwar als Farbstoff keine Bedeutung besitzt, aber als Zwischenprodukt bei der Safraninfabrikation dient», in der Geschichte weiterleben, erklärte der Basler Chemieprofessor Friedrich Fichter 1941 in einer Rede vor der Schweizerischen Naturforschenden Gesellschaft. Bindschedler sei, so Fichter, «ein verwegener Pionier» gewesen. Bindschedler war aber nicht nur verwegen, sondern auch ein äusserst innovativer Kopf. In der 1893 von ihm gegründeten Basler Chemischen Fabrik (BCF) wurde 1897 ein eigenes Verfahren zur synthetischen Herstellung von Indigo ausgearbeitet, zu dessen Verwertung die BCF 1904 die Société des usines de produits chimiques in Monthey (heute BASF) übernahm, die 1908 mit der BCF wiederum zu Bindschedlers ursprünglicher Firma Ciba kam.

Robert Bindschedler,
Pionier der chemischen Industrie.

Klar führend war Deutschland, dessen Fabriken ganz andere Dimensionen aufwiesen. Die Badische Anilin- und Soda-Fabrik AG (BASF) in Ludwigshafen beschäftigte 1900 als damals grösste chemische Fabrik der Welt 148 Chemiker, zer Produktion wurden nur etwa 7 % im Inland verbraucht.

Krisenfrei verlief die Entwicklung aber nicht. In den 1870er-Jahren war die Schweizer Farbstoffindustrie infolge der Grossen Depression, die dem Wiener Börsencrash von 1873 folgte und auch das Textilgewerbe erfasste, in eine prekäre Lage geraten. Der Preiszerfall bei den Textilfarben war umso gravierender, als die Schweiz über keine nennenswerten Kohlevorkommen verfügte und den Rohstoff entsprechend teuer einkaufen musste. Die Reaktion darauf beschreibt Bürgi: «Die Teerfarbenproduzenten reagierten darauf mit einer Spezialisierung auf konkurrenzlose und hochwertige Nischenprodukte. In Kooperation mit deutschen Firmen wurde nun damit begonnen, deren Massenprodukte zu Spezialprodukten zu veredeln oder effizientere Verfahren zur Herstellung von Zwischenprodukten zu entwickeln. Das Geld für die damit verbundenen Investitionen lieferten lokale Banken und Privatinvestoren, die ihre einstmalige Zurückhaltung gegenüber der chemischen Industrie mittlerweile abgelegt hatten.»

Bindschedler & Busch

Im Zusammenhang mit Robert Gnehm interessiert in erster Linie die Entwicklung der Firma Bindschedler & Busch. Robert Bindschedler (1844–1901), aus einer Winterthurer Gastwirtfamilie stammend, studierte von 1861 bis 1863 an der ETH in Zürich Chemie, unter anderem bei Pompejus Alexander Bolley (Chemie), Rudolf Clausius (Physik), Carl Cramer (Botanik), Georg Städeler (Chemie) und Gustav Adolf Kenngott (Mineralogie). Danach war er bis Herbst 1865 Assistent von Georg Städeler (1821–1871), der sowohl an der ETH als auch an der Universität Zürich lehrte. Derartige Doppelprofessuren waren in der Frühzeit der ETH recht häufig. Anschliessend arbeitete Bindschedler bis Herbst 1867 als Chemiker bei J. R. Geigy in Basel, von 1867 bis 1870 war er in leitender Stellung – «Dirigent» steht im GEP-Verzeichnis von 1888 – bei einer Anilinfabrik in Paris tätig, wirkte dann kurz in der Fuchsinfabrik Petersen in Schweizerhalle und trat 1871 als Chemiker bei Clavel ein.

Anfang 1871 verfolgte Bindschedler auch ein eigenes Projekt in seiner Heimatstadt Winterthur. Er wollte, wie aus einer Anfrage an die Stadt hervorgeht, für die Anlage einer Anilinfarbenfabrik Land im Nägelsee im Südwesten der Stadt kaufen sowie die Schlosshofquellen pachten. Der Stadtrat hatte seine Zweifel, «ob nicht höhere Rücksichten der öffentlichen Wohlfahrt und Gesundheit es dem Stadtrathe verbieten, auf einen Landverkauf zu dem bezeichneten Zweke einzutreten». Bindschedler war bereit, im Kaufvertrag festzuhalten, «dass zur

Direktion und Chemiker von Bindschedler & Busch, Anfang der 1880er-Jahre. Sitzend 3. von rechts Alfred Kern, 4. von rechts Robert Gnehm, stehend links von ihm: Robert Bindschedler.

Bereitung seiner Anilinfabrikate kein Arsenik verwendet werde» und «dass Menge und Qualität der von der Töss abzuführenden Abgangsstoffe keine Gefahr der Vergiftung für die Fische begründen». Nach diesen Zusicherungen war der Stadtrat zum Verkauf bereit, doch fand das Vorhaben in den städtischen Akten keinen weiteren Niederschlag. Hintergrund der Bedenken waren Vorgänge in Basel. Dort war Johann Jakob Müller-Pack (1825–1899), der das Teerfarbengeschäft von J. R. Geigy übernommen hatte und die Farben mit Arsensäure herstellte, 1865 zu Busse, Entschädigung und Rentenzahlung verurteilt worden, weil das Grundwasser verseucht war und eine Familie, die in der Nachbarschaft seiner Fabrik wohnte, Vergiftungserscheinungen aufwies. Das war offensichtlich bis nach Winterthur gedrungen. 1872 wurde das Verfahren mit Arsen im Kanton Basel-Stadt verboten, nicht hingegen im Kanton Baselland. Die beiden Fabriken von Müller-Pack gingen zurück an die Familie Geigy.

Als Clavel 1873 seine Farbstofffabrik verkaufte, griff Bindschedler, der wie erwähnt bei Clavel arbeitete, mit Hilfe des vermögenden Kaufmanns Albert Busch-Steiner (1836–1884) zu. Busch, ein Preusse, war 1863 von Antwerpen nach Winterthur gekommen, wo er bei der neu gegründeten Transportversicherung Lloyd bald zum Vizedirektor avancierte und in die reiche Familie Steiner einheiratete. Als Bindschedler und Busch die Firma übernahmen, beschäftigte sie 30 Arbeiter, 1874 waren es 85 Arbeiter, sechs Meister, drei Chemiker und ein Fabrikarzt, 1878 110 Arbeiter, 1881 bereits 250 Arbeiter und 20 Chemiker. Gnehm stiess 1880 in einer Zeit stärksten Wachstums zu Bindschedler & Busch, die klar der Leader auf dem Platz Basel waren und die Neuorientierung der Branche vorantrieben. In dieser Rolle waren Bindschedler & Busch damals, so Tobias Straumann, offensichtlich «der attraktivste Arbeitsplatz für junge Industriechemiker». «Im Zusammenhang mit der Auffindung neuer Produkte, insbesondere in der Klasse der basischen Farbstoffe, erfuhr die Bindschedler'sche Fabrik im Jahre 1880 eine weitgehende Neugestaltung. Zu den früheren Farbstoffen hatten sich Malachitgrün, Safranin, Rosanilin, Solidgrün, Eosin, Naphtolgelb, Triphenylaminorange und Xylidinponceau gesellt. Neue Fabrikationsanlagen waren zu diesem Zwecke errichtet worden», heisst es in der Ciba-Geschichte von 1934.

Wesentlichen Anteil an dieser Entwicklung hatte Gnehms Freund Alfred Kern, auf den er in Basel wieder traf. Gnehm hatte Robert Bindschedler geraten, mit Kern Kontakt aufzunehmen, und im Oktober 1878 war dieser, mittlerweile mit einer Tochter aus Offenbacher Kaufmannskreisen verheiratet, von Offenbach nach Basel gezogen. Mit einem vierjährigen Vertrag übergaben Bindschedler & Busch «unter ihrer Oberleitung» Kern die alleinige Direktion der Fabrikation der von Methylanilin, Rosanilin und Diphenylamin abstammenden Farben, die zur Zeit von Kerns Eintritt in der Fabrik hergestellt wurden, mit Ausnahme von Orange N und von anderen ähnlichen Produkten. Sämtliche Verbesserungen, neuen Fabrikationsmethoden und Erfindungen, die Kern während der Vertragsdauer machte, sollten ausschliesslich Eigentum von Bindschedler & Busch bleiben. «Einen Namen in der chemischen Welt erwarb sich der rastlose Schaffer Anfang der 1880er-Jahre durch sein Verfahren zur industriellen Herstellung und Verwertung von Phosgen in der Farbenchemie und durch seine in Verbindung mit Dr. H. Caro von der Badischen Anilin- und Sodafabrik in Ludwigshafen gemachten Entdeckungen im Gebiete der Ketonfarbstoffe», schreibt Paul Koelner in seiner Abhandlung über die Frühzeit der Basler Chemie. Mit Heinrich Caro (1834–1910), dem Leiter der BASF-Farbstoffproduktion, einem «der genialsten und erfolgreichsten Erfinder auf dem Gebiete der chemischen Technik», wie es im Anhang der Biografie von Viktor Meyer heisst, ergab sich eine enge zweijährige Zusammenarbeit. «Die Zusammenarbeit zwischen Caro und Kern muss als geradezu ideal bezeichnet werden. Sie war getragen von absolutem gegenseitigem Vertrauen, von respektvoller Zuneigung und neidloser Freude über den Erfolg des Partners», bemerkt dazu der deutsche Chemiker Robert Wizinger, der an der Universität Basel dem Institut für Farbenchemie vorstand, in seiner Kern-Biografie.

Gnehm selbst gelang bei Bindschedler & Busch in den Jahren 1880 bis 1884 die Entdeckung dreier für die Wollfärberei wichtiger, bläulich-roter Farbstoffe, des Phloxins oder Erythrosins, des Cyanosins B und der Rose Bengal B. Gnehm hatte bereits während seiner Assistentenzeit am Polytechnikum, wie

Renate Riedl-Ehrenberg schreibt, «mehrere Male seine Ferien damit verbracht, bei Bindschedler & Busch neue Verfahren auszuarbeiten und einzuführen». 1884 belieferten Bindschedler & Busch nicht nur die meisten europäischen Länder, sondern auch zahlreiche überseeische Gebiete mit Teerfarbstoffen. Ein Fehlschlag war, dass die Firma Anfang der 1880er-Jahre im grossen Stil in die Alizarinproduktion einstieg. Wegen des höheren Kohlepreises war das Unternehmen preislich gegenüber den englischen und deutschen Mitbewerbern nicht konkurrenzfähig und musste nach rund zehn Jahren die Alizarinherstellung wieder aufgeben.

Die schnelle Expansion brachte auch finanzielle Probleme bzw. sie erforderte zusätzliches Kapital. 1882 wurde die Firma in die Kommanditaktiengesellschaft Bindschedler Busch & Cie. umgewandelt, an welcher Busch mit 75%, Bindschedler mit 15% und zwei weitere gut betuchte Winterthurer – Buschs Vorgesetzter, Lloyd-Direktor Ewald M. Lengstorf, und Conrad Keller-Egg, Direktor der Bank in Winterthur – mit je 5% beteiligt waren. Bindschedlers Pech war, dass wenig später der Lloyd, unter anderem wegen Betrügereien der Direktion, unter grossem öffentlichem Aufsehen zusammenbrach. Lengstorf, damals auch Verwaltungsratspräsident der «Winterthur Unfall», stürzte sich in die Limmat, und Busch, wegen der Machenschaften der Lloyd-Direktion verurteilt, nahm sich Ende 1884 in der Strafanstalt Zürich das Leben.

Im April 1882, als die Situation des Unternehmens längst desolat war, hatte der Lloyd in einem Zirkular mitgeteilt, «dass Herr Albert Busch zu unserm grossen Bedauern von seiner Stellung als stellvertretender Director unserer Gesellschaft, die er seit einer Reihe von Jahren in trefflicher Weise ausfüllte, zurückgetreten ist, um seine Thätigkeit fortan dem industriellen Gebiete zu widmen». Busch wechselte als kaufmännischer Direktor zu seiner eigenen Firma, zu Bindschedler & Busch. Im September 1883 hoffte Busch noch, sein Ausscheiden aus der Firma sei nur vorübergehend. Die auf Wilhelm Locher-Steiner, Carl Steiner-Spiller (zwei Verwandte Buschs) sowie Bankdirektor Conrad Keller-Egg übertragenen Aktien würden «nur nominell auf die Betreffenden übergehen», schrieb er am 20. September an Bindschedler. Diese Aktien müssten «vielmehr auf Verlangen, überhaupt in jedem Falle auf meinen Namen zurückübertragen werden». Mit der vorübergehenden Übertragung auf andere Personen wollte Busch seine Aktien vermutlich vor der Beschlagnahmung schützen.

FACHLICHER AUSTAUSCH ÜBER DAS ORANGE

Über den fachlichen Austausch zwischen Hochschule und Industrie gibt ein Brief Aufschluss, den Robert Gnehm, damals an der ETH, am 14. Oktober 1874 an Robert Bindschedler schrieb: «Die Mittheilungen, welche Sie in Ihrem geehrten Schreiben über das Orange machen, haben mich sehr frappirt, zumal ich selbst von diesem Körper gar nichts gelitten habe. Dasselbe sagt Girtanner, welchen ich gestern getroffen habe; er hat, wie er mir mittheilte, in Ihrer Fabrik mit dem Orange gefärbt, hat noch ganz gelbe Hände, verspürt aber gar keine üblen Folgen. – Es wird sich einstweilen gegen diese üble Eigenschaft des Körpers nichts machen lassen. Das einzige wäre vielleicht, den Contact der Lösungen mit der Haut durch impenetrable (Cautschuc-)Handschuhe zu verhindern. Wenn aber schon gefärbte Wolle diese Wirkung, wie Sie an sich selbst erprobt haben, ausübt, so würde eine derartige Vorsichtsmassregel nicht viel nützen; denn sollte auch die Fabrication & das Färben gefahrlos vor sich gehen, so würden sich jedenfalls bald die orange gefärbten Stoffe schlecht verkaufen, denn es würde die Wirkung solcher Stoffe auf die Haut wahrscheinlich sehr schnell bekannt werden. Ich habe die Absicht, Proben dieses Farbstoffes einem Mediciner zu übergeben, um vielleicht näheren Aufschluss über diese eigenthümlich physiologische Wirkung zu erhalten. Sollte Ihr Fabrikarzt mir bereits gewisse Angaben machen können, so wäre ich Ihnen für die Mittheilung derselben sehr verbunden.»

IV
VON CIBA ZU SANDOZ

Künstlerische Ansicht des
Sandoz-Areals (Ausschnitt),
1920er-Jahre.

Mit Bankenhilfe: Die Gründung der Ciba

Mit der Umwandlung in eine Aktiengesellschaft wurde die Firma Bindschedler & Busch auf eine neue finanzielle Basis gestellt. Dies verlangte der stetig steigende Kapitalbedarf, und zudem waren die Zeiten in der Branche nicht ganz einfach. Der unmittelbare Auslöser für die Überführung der Firma in die Aktiengesellschaft «Gesellschaft für chemische Industrie in Basel» (Ciba) war aber wohl der Wegfall des wichtigsten Financiers Albert Busch in Folge des Zusammenbruchs der Transportversicherung Lloyd in Winterthur. Bei der Ciba stiegen nun die zuvor lange skeptischen Basler Banken richtig ein, unter Führung des Basler Bankvereins, der sich stark engagierte. 1882 hatte der Bankverein die Firma bereits bei der Begebung einer 5%-Hypothekar-Anleihe von 1.75 Mio. Franken unterstützt. Zur Debatte gestanden hatte scheinbar auch ein Verkauf der Firma. Dem ersten Ciba-Verwaltungsrat gehörten sieben Basler Bankenvertreter an, ein weiterer Basler sowie der Winterthurer Heinrich Sulzer von Gebrüder Sulzer (**2, Johann Jakob Sulzer-Neuffert; 21, Eduard Sulzer-Ziegler; 40, Johann Jakob Sulzer-Hirzel und Salomon Sulzer-Sulzer**), ein Verwandter von Albert Busch. Direktoren wurden Robert Bindschedler und Robert Gnehm. Für eine genauere, persönlichere Verortung Gnehms in diesem Beziehungsgeflecht fehlen die notwendigen Unterlagen. Er scheint aber Bindschedler zeitweise doch recht nahe gestanden zu sein. Sulzer-Steiner wurde bei seinem Tod (1906) im Ciba-Verwaltungsrat von seinem Sohn Carl Sulzer-Schmid abgelöst. Sulzer-Schmid war lange Nationalrat und sass ebenfalls bis zum Tod (1934) im Ciba-Verwaltungsrat.

Dass die Lage der Teerfarbenindustrie im Jahr der Ciba-Gründung eher düster war, kann aus einem Brief geschlossen werden, den Robert Gnehm am 30. November 1884 an den Zofinger Farben- und Lackfabrikanten Alexis Landolt schrieb: «Die Lage der Farbenindustrie ist eine äusserst schwierige. Durch die guten Jahre verleitet, sind viele Techniker & Kapitalisten zur Anlegung neuer, resp. zur Vergrösserung bestehender Fabriken geschritten, was – wie vorauszusehen – zu einer Überproduction führen musste, deren schlimme Folgen nicht ausbleiben konnten. In der That haben sich bereits verhängnissvolle Wirkungen gezeigt.»

Gnehm erwähnte eine Betriebseinstellung und sah weitere drohen, wobei nicht klar ist, inwiefern er allenfalls auch Zweckpessimismus zeigte oder gar weitere Konkurrenten vom Einstieg in die Branche abhalten wollte. Nachdem er die Tendenz zur Monopolisierung der grossen deutschen Konkurrenten und deren Methoden kritisiert hatte, kam Gnehm zum Schluss: «Für mich steht fest, dass nur diejenigen Firmen die gegenwärtige kritische Zeit, die noch mehrere Jahre anhalten kann, durchzumachen im Stande sind, welche in technischer wie in commerzieller Beziehung vorzüglich organisirt sind.»

Aufnahme des Ciba-Stammhauses an der Klybeckstrasse, von Flugpionier Eduard Spelterini aufgenommen aus seinem Ballon «Urania», 1894.

Die Umwandlung von Bindschedler & Busch in eine Aktiengesellschaft bzw. die Gründung der Ciba reihte sich bestens in die allgemeine Entwicklung. «Die Chemische Industrie hat sich bis zur Jahrhundertwende gänzlich der neuen Unternehmensform geöffnet und gleichzeitig auch einen Konzentrationsprozess durchgemacht», schreibt Philipp Sarasin in «Stadt der Bürger». «Neben Banken und Versicherungen, die immer noch den grössten Teil des Anlagekapitals anzogen, hatten in den 90er-Jahren die Chemische und die Textilindustrie (mit Ausnahme der Bandfabriken) ihr Aktienkapital enorm vermehrt.» 1895 waren die Fabrikanten und Kaufleute der noch jungen chemischen Industrie bereits kräftig im Basler Wirtschaftsbürgertum vertreten. An wirtschaftlicher Potenz hatten die Chemieindustriellen die Vertreter der Seidenbourgeoisie bereits überholt.

Bindschedler liefert die Schlüssel ab

Im März 1891 schied Robert Bindschedler, der sich mit dem Machtverlust durch die Bildung einer Aktiengesellschaft nie abfinden konnte, aus der Ciba-Direktion aus. Stattdessen wurde er in den Verwaltungsrat gewählt. Bindschedler sollte informiert und beratend hinzugezogen werden und zu allem Zugang haben, aber «sich immerhin jeder directen oder indirecten Einmischung in die effective Führung der Geschäfte enthalten» und «den von der Direction innerhalb der Grenzen ihrer Competenzen getroffenen Anordnungen & Dispositionen ihren ungehinderten Lauf lassen». Das Verhältnis war jedoch zu stark gestört und Bindschedler verliess nach einem Jahr auch den Verwaltungsrat und damit die Firma definitiv. Bindschedler habe «die verlangten Schlüssel zu den Fabrikthüren abgeliefert und seine Privatpapiere aus dem Büreau bezogen, so dass unsere Beziehungen zu ihm hiemit gelöst» seien, wurde im April 1892 im Ciba-Verwaltungsrat berichtet. Man habe endlich einmal mit Bindschedler fertig sein wollen, «um alsdann die Neuorganisation der Direction hinsichtlich veränderter Stellung des Herrn Gnehm, Anstellung der neuen Direktoren und Erhöhung der Bezüge des Herrn Hollenweger an Hand nehmen zu können».

Nach Ablauf des einjährigen Konkurrenzverbots gründete Bindschedler, dem die Universität Zürich 1883 «in Anerkennung seiner hervorragenden Verdienste um die Hebung und Förderung der vaterländischen chemischen Industrie» den Ehrendoktor verliehen hatte, 1893 die Basler Chemische Fabrik AG (BCF). An deren konstituierender Generalversammlung waren neben Bindschedler, dem 46.7% des BCF-Aktienkapitals gehörten, sechs weitere Aktionäre vertreten. Weil er gegen vertragliche Abmachungen mit der deutschen Konkurrentin Hoechst über Produktion und Verkauf des Fieber-Heilmittels Antipyrin verstossen und sich dabei unrechtmässig bereichert hatte, wurde Bindschedler 1900 wegen Betrugs zu eineinhalb Jahren Gefängnis verurteilt. «Die notwendige Verheimlichung dieser grossen, über sein Berechtigungsquantum hinausgehenden Verkäufe bewirkte Bindschedler durch Vernichtung seiner Fabrikationsbücher, heimliche Verpackungen, fremde Spediteure und Zwischenpersonen», beschrieb die «Neue Zürcher Zeitung» Bindschedlers Vorgehen. Dieser starb 1901 nach einer Operation im Spital. «Seine Ahnung, dass er seine Strafzeit nicht überleben werde, erfüllte sich», hiess es im Nachruf der «National-Zeitung». Die BCF wurde 1908 von der Ciba übernommen.

Mit Bindschedler schon früher auseinandergelebt hatte sich Alfred Kern. Er hatte sich 1883 «nur zögernd und unter schweren Bedenken» entschlossen, seinen Vertrag mit der Firma zu erneuern. Verantwortlich dafür waren sein Empfinden, dass man ihm in der Firma nicht die Stellung einräumte, die ihm seines Erachtens zukam, sowie das «sich mehr und mehr zuspitzende persönliche Verhältnis zu Dr. Bindschedler». Als Albert Busch, der sich mit Kern gut verstand, wegen des Lloyd-Debakels im Sommer 1884 aus der Firma ausschied, war die Kündigung von Kern auf Ende Jahr einer der ersten Schritte Bindschedlers. Als Angestellter befand sich Kern gegenüber dem Mitbesitzer Bindschedler am kürzeren Hebel. Dazu schreibt Paul Koelner: «Es war für diesen [Kern], wie er in einer hinterlassenen Aufzeichnung schreibt, eine schwere Prüfung, seine schönsten

Erfindungen ganz ausschliesslich Fremden überlassen zu müssen; machte man ihm doch weder Vermittlungsvorschläge, noch gab man ihm Beweise, dass er ein moralisches Recht an der Sache besass.» Kern lehnte in der Folge verlockende Angebote der BASF und von Collineau in Argenteuil ab, und nach Ablauf der Karenzzeit Anfang 1886 gründete er eine eigene Firma. Die Karenzzeit hatte Kern bei seinem Studienfreund Otto Billeter, Professor an der Akademie in Neuenburg und ehemaliger Arbeitskollege bei Oehler in Offenbach, verbracht und dort das Thiophosgen kennengelernt. «Es gelang ihm», so Friedrich Fichter, «nach seiner Rückkehr nach Basel, daraus das Schwefelanalogon des sogenannten Michlerschen Ketons, die Muttersubstanz des prächtig gelben Farbstoffs Auramin, zu bereiten.» Es war eines der ersten Produkte, die in Kerns neuer Firma erzeugt wurden.

Bindschedler war sicher ein Mensch mit Ecken und Kanten. Er sei «ein urfideler Student» gewesen und «überall gern gelitten und verehrt», heisst es in einem kryptisch formulierten und lückenhaften Nachruf («Landbote» vom 22. August 1901). «Leider hielt das Glück nicht an», wird zu Bindschedlers Tätigkeit in der Chemie festgestellt, bevor ausführlich auf sein Engagement in Politik und Berufsbildung eingegangen wird. Bindschedler sei als humaner Arbeitgeber bekannt gewesen und hinterlasse «reichliche Mittel, so dass seine Angehörigen materiell geschützt sind». Wie viele tatkräftige Pioniere liess sich Bindschedler nicht gerne dreinreden, und er hatte vermutlich auch Mühe, nach Gründung der Aktiengesellschaft plötzlich einen Verwaltungsrat neben sich zu haben.

Auch Gnehm geht – samt seinen Unterlagen

Nach dem Ausscheiden Bindschedlers setzte der Verwaltungsrat seine Hoffnungen wie bereits erwähnt auf Gnehm. Die Neudefinition der «veränderten Stellung des Herrn Gnehm» bereitete aber Schwierigkeiten. Dieser wollte sich nämlich von der Direktion entlasten, aber trotzdem – vor allem in Fragen des Patentwesens und bei Verträgen mit andern Gesellschaften – das entscheidende Wort behalten. Dies stiess bei den neuen, von ihm selbst rekrutierten Direktoren (Heinrich Hollenweger, Johannes Schmid und Johannes Kunz) auf Widerstand. Ein beinahe unendlich langes Hin und Her um die Position von Gnehm, der inzwischen in den Verwaltungsrat gewählt worden war, endete damit, dass die Ciba künftig auf seine Dienste verzichtete. Im November 1893, als das Zerwürfnis schon ziemlich weit fortgeschritten war, schrieb Gnehm dem Verwaltungsrat, die vorgesehene Stelle eines Konsulenten setze voraus, dass auch wirklich jemand beraten werden wolle. «Nach meinen Erfahrungen trifft dies aber bei uns nicht zu; verschmäht doch die Direction in ihrer Selbstüberhebung und in ihrem Eigendünkel selbst dann fremden Rat, wenn ihr die Thatsachen beweisen müssen, dass sie ungeschickt & unrichtig gehandelt hat.» Für seine Stelle als Konsulent hatte ihm der Verwaltungsrat eine Tantieme von 5%, mindestens aber jährlich 15 000 Franken offeriert, was ein attraktives finanzielles Angebot war. Etwas anderes sei nicht möglich, wurde im Verwaltungsrat festgestellt. «So gern man ihn auch halten möchte, um seiner Persönlichkeit und des Eindrucks nach Aussen, wie um seiner Verdienste für die Gesellschaft willen, so sei doch die Erfüllung seiner Forderungen mit dem Interesse der Gesellschaft und besonders mit der nothwendigen Einigkeit in der Leitung derselben nicht vereinbar.»

Nach dem Ausscheiden Gnehms kam es zu einer gerichtlichen Auseinandersetzung mit der Ciba-Direktion. Elf Tage nach seinem Austritt am 13. Januar 1894 «wandte sich die Gesellschaft», so ein Zeitungsbericht, «an ihn mit der Mitteilung, bei Durchsicht des von ihm bei seinem Austritt aus der Gesellschaft abgelieferten Aktenmaterials vermisse sie eine Reihe von Originalberichten über bestehende und bereits aufgegebene Fabrikationen, welche Hrn. Professor Gnehm in seiner Eigenschaft als Direktor und Mitglied der Verwaltung von den betreffenden Betriebschemikern jeweilen abgeliefert worden seien; auch vermisse sie einige Hefte mit Kalkulationen etc.». Weil die Ciba-Direktoren in einem Schreiben an den Verwaltungsrat «mit Deutlichkeit» insinuiert hätten, Gnehm habe sich bei der Ciba «Original-Procédés in rechtswidriger Weise angeeignet, um dieselben dem Konkurrenzgeschäfte Chemische Fabrik vormals Sandoz auszuliefern», klagte Gnehm wegen Verleumdung. Die Verdächtigung sei grundlos. Die Direktion entgegnete, man habe festgestellt, dass gegen fünfzig Originalberichte der Chemiker fehlten. Diese seien «unstreitig Eigentum der Gesellschaft». Gnehm hatte bei der Firma ein systematisches Berichtswesen eingeführt, was ihm nun den «Transfer» von Know-how – dieser dürfte tatsächlich erfolgt sein – erleichterte.

Weiter führte die Direktion aus, «die reservierte Stellung der Gesellschaft habe aufgegeben werden müssen, als man vernahm, der Kläger sei sofort nach Ablauf seiner Carrenzzeit von einem Jahr, am 1. Januar 1895, aktiv als Konsulent bei Sandoz u. Cie. eingetreten und erhalte grosse Summen für seine Dienstleistungen». Speziell falle «das Fehlen der Procédés für die Alizarinfabrikation auf, deren Einrichtung seiner Zeit 1.5 Millionen Franken gekostet habe». Bei Sandoz «seien teilweise gerade die Fabrikationen eingeführt worden, deren Berichte in der Hinterlassenschaft des Klägers fehlten». Gnehm habe «nicht seine eigene Gedankenarbeit [...] an Dritte preisgegeben, sondern die Arbeit Anderer, welche im Dienste und mit dem Kapital der Gesellschaft für Chemische Industrie und der Konventionsfirmen bewerkstelligt worden sei». Gnehm habe über das Verbleiben der fehlenden Aktenstücke «keine entlastende Erklärung abgeben können». Man habe ihm aber nicht vorgeworfen, «er habe sich in rechtswidriger Weise in den Besitz der Dokumente gesetzt», weshalb keine Verleumdung vorliege. Am 6. Mai 1896 fand ein rund zweieinhalb Stunden dauerndes Präsidenten-

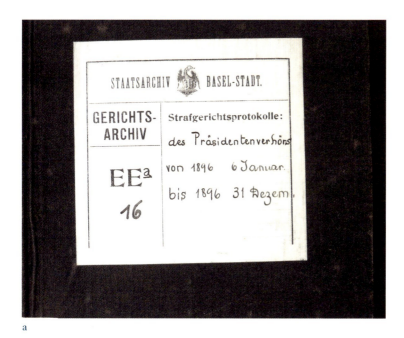

a | Der Wechsel Robert Gnehms von der Ciba zur Sandoz endete mit einer Auseinandersetzung vor Gericht. Strafgerichtsprotokolle 1896.
b | Protokoll des Präsidentenverhörs, bei welchem sich Gnehm vertreten liess, die drei Ciba-Direktoren hingegen ihre Verteidigung selbst wahrnahmen.

verhör vor dem Strafgericht Basel statt, bei welchem sich die beklagten Direktoren selbst verteidigten. Der Strafgerichtspräsident folgte der Argumentation der Direktion und wies die Klage ab. Derartige Vorgänge und Auseinandersetzungen waren damals üblich. «Eine wichtige Rolle bei den Neugründungen und Ausgliederungen (heute wie im Falle der Biotechnologie würde man von ‹Spin offs› sprechen) spielte der offizielle und inoffizielle Wissenstransfer zwischen den jungen Unternehmen, sei es über Stellenwechsel von Chemikern, Kooperationen, Verkauf von Kenntnissen oder gar Spionage», schreibt Christian Zeller in seiner Abhandlung über die Geschichte der Novartis.

Es darf angenommen werden, dass Gnehm die Trennung von der Ciba, bei der er ein Grossverdiener war, bereits mit der klaren Option oder gar dem festen Plan forcierte, bei Sandoz einzusteigen. Interessanterweise wurde die Sandoz als mögliche Konkurrentin bei den Gesprächen mit der Ciba nicht erwähnt – oder dann hat Gnehm den Namen Sandoz in seiner Aufzählung in einem Brief an den Ciba-Verwaltungsratspräsidenten vom 25. November 1893 bewusst weggelassen. Gemäss diesem Brief wäre es Gnehm unbenommen gewesen, die neue Stellung bei der Ciba auf Ende 1894 oder später aufzugeben, um ohne Karenzzeit selbst ein Geschäft zu eröffnen oder in ein Konkurrenzgeschäft einzutreten: «Für den letzteren Fall wünschten Sie vorherige Anzeige z.B. einige Monate vor Verlassen der Stelle & sähen es nicht gerne, wenn ich in ein Geschäft wie dasjenige von Dr. Bindschedler oder von Geigy einträte. Dagegen fänden Sie die Gründung eines eigenen Geschäftes oder die Beteiligung bei einem kleineren einheimischen oder bei einem ausländischen Konkurrenzgeschäfte als Etwas, gegen das sich keinerlei Bedenken erheben liessen.»

Sowohl die Verhandlungen mit der Ciba als auch diejenigen mit der Sandoz zeigen im Übrigen, dass für Gnehm die Frage der Entschädigung alles andere als nebensächlich war. Allenfalls spielten für Gnehms Schritt gesundheitliche Gründe mit eine Rolle. Dass schon der 30-jährige Gnehm stark belastet und etwas angeschlagen war, geht aus einem Brief seiner Schwester Aline Hofacker hervor, den sie ihm am 21. April 1882 nach seiner Verheiratung und der Wahl in den Schweizerischen Schulrat schrieb: «Dein Schulrathsamt macht dir also doch auch viel Arbeit, mach nur nicht, dass es auch zu viel wird neben deinem anstrengenden Beruf. Wie froh bin ich, dass du nun bald ein eigenes Heim haben wirst, in dem du dich ausruhen & erholen kannst!» Aline Gnehm (1845–1932) hatte den Deutschen Ludwig Hofacker (1837–1889) geheiratet, der 1861–1863 in Stein am Rhein als Pfarrvikar tätig war. Sie folgte Hofacker, der aus einer Familie von Theologen und Diakonen stammte, als Pfarrfrau nach Heumaden bei Stuttgart, womit sie den in Deutschland lebenden Zweig der Gnehm-Verwandtschaft begründete. Ihr Sohn Wilhelm wurde ebenfalls Chemiker. In ihrem Brief forderte Aline Hofacker ihren Bruder auch zum Besuch auf: «Darum kommt nur recht bald, das bitten wir alle u. da es, wie ich wohl merke, schwer halten wird, dich für länger als einige Tage zu bekommen, so möchten wir recht herzlich bitten, dass doch die liebe Marie uns die Freude eines längeren Besuches macht; mit dem Schnellzug ist's ja eine so kurze Reise u. wenn wir einmal die l. Marie haben, so kommst du dann schon, das hoffen wir gewiss. Du kannst ja über die Sonntage als beinahe ebenso leicht hierher kommen, wie nach Zürich. Nicht wahr, Ihr kommt recht bald.»

Mitgründer und Präsident der Sandoz

Knapp zehn Jahre, nachdem Alfred Kern von Robert Bindschedler entlassen worden war, wurde Gnehm Verwaltungsrat und Konsulent bei der Firma, die Kern nach seiner Kündigung zusammen mit Edouard Sandoz (1853–1928) (7, **Edouard Sandoz**) gegründet hatte. Der kapitalkräftige Sandoz arbeitete zuvor als Kaufmann in leitender Stellung bei Durand & Huguenin, und als sich die Pläne, bei der Neugründung mit seinem bisherigen Arbeitgeber gemeinsame Sache zu machen, zerschlugen, sprang er ab. Nach dem frühen Tod Kerns – er starb 1893 bereits mit 42 Jahren – führte Sandoz das Unternehmen zunächst als Kommanditgesellschaft Sandoz & Cie. weiter. 1895 wurde es aber in die Aktiengesellschaft «Chemische Fabrik vormals Sandoz & Cie.» umgewandelt. Diese war mit einem Aktienkapital von 2 Mio. Franken ausgestattet, wovon 1.5 Mio. als Kaufpreis an Sandoz gingen.

Bereits am 24. August 1894 unterzeichneten Sandoz und Gnehm ein Abkommen, das am 31. Mai 1895 durch einen neuen Vertrag ersetzt wurde. Gemäss diesem engagierte die Firma Gnehm «als consultirenden Chemiker für eine Zeitdauer von fünf Jahren». Gnehm verpflichtete sich, «während der Dauer des gegenwärtigen Contractes alle seine technischen & wissenschaftlichen Erfahrungen & Kenntnisse ausschliesslich in den Dienst der Firma Sandoz & Cie. zu stellen & derselben mit allen ihm zu Gebote stehenden Mitteln die Neueinrichtungen & Verbesserungen in der Fabrication zu erleichtern». Er verpflichtete sich weiter, die Fabrik von Sandoz «so oft zu besuchen, als es ihm die Umstände & seine Thätigkeit in Zürich erlauben, zum Mindesten jedoch monatlich ein bis zwei Mal». Gnehm, seit 1894 Professor an der ETH, wurde in der Folge auf der Bahnstrecke Zürich-Basel denn auch ein guter Kunde, wie seine minutiöse Spesenauflistung in den für ihn typischen Notizheften zeigt. Als Gegenleistung erhielt Gnehm ein fixes Jahresgehalt von 10 000 Franken und für die Überlassung «sämmtlicher ihm bekannter Fabrikationsverfahren» eine einmalige Abfindungssumme von 175 000 Franken. Auf alle neuen Erfindungen, die Gnehm während der Vertragsdauer machte und die sich industriell verwerten liessen, bezahlte ihm Sandoz 5% des daraus sich ergebenden Reingewinns. Edouard Sandoz habe das Glück gehabt, in Gnehm «eine Autorität auf dem Gebiet der Farbenchemie zunächst als konsultie-

a

b

a | Briefumschlag von Kern & Sandoz.
b | Alfred Kern, Studienfreund und Weggefährte Robert Gnehms.
c | Erste Fabrikanlage von Kern & Sandoz, um 1886.
d | Liste der Sandoz-Produkte 1895, aufgezeichnet in einem der typischen Notizhefte von Gnehm.

renden Mitarbeiter, später sogar als Verwaltungsratspräsidenten zu gewinnen», heisst es in der Festschrift zum 75-Jahr-Jubiläum der Sandoz.

In den 1890er-Jahren brauchte die Chemie wie erwähnt zusätzliches Kapital. Die Firmen wurden gleich reihenweise in Aktiengesellschaften umgewandelt, und gleichzeitig fand ein Konzentrationsprozess statt. Der Trend zur Aktiengesellschaft charakterisierte aber auch die Schweizer Wirtschaft insgesamt: Von 1896 bis 1901 nahm die Zahl der jährlichen AG-Gründungen von 91 auf 173 zu; von den 2056 Aktiengesellschaften, die 1901 existierten, wurden 38.8% in den sechs Jahren zuvor bzw. ab 1895 gegründet. Damit wurde eine Entwicklung nachvollzogen, die in Deutschland schon früher eingesetzt hatte. Bei Bayer erhielt das rasante Wachstum der ersten Jahre 1881 zusätzlichen Schub durch die Umwandlung in eine Aktiengesellschaft, welche die finanzielle Basis für mehr Wachstum bildete. Die Bayer AG, die 1899 das von Felix Hofmann entwickelte «Jahrhundert-Medikament» Aspirin auf den Markt brachte, hielt ein hohes Expansionstempo aufrecht und wurde internationaler, womit sie, wie auch die BASF und die Farbwerke Hoechst, den Schweizer Firmen voraus war.

Zeitlebens aufs engste verbunden

Gnehm, an der Gründung der Sandoz AG auch finanziell beteiligt, wurde Vizepräsident des Verwaltungsrats und 1896 nach dem gesundheitlichen Rückzug von Edouard Sandoz Präsident. Gleichzeitig war er Professor an der ETH. Als er nach seiner 1899 erfolgten Wahl zum Direktor der ETH zurücktrat, versuchte man bei Sandoz erfolglos, ihn zum Bleiben zu bewegen. Hingegen erklärte sich Gnehm bereit, «auf Wunsch in nicht offizieller Weise z.B. etwa als technischer Consulent des Verwaltungsrathes und der Direktion seine Erfahrungen der Gesellschaft zur Verfügung zu stellen». Gnehm blieb denn auch zeitlebens mit der Sandoz in gutem Kontakt, wie das «Sandoz bulletin» Nr. 22 von 1986 festhält: «Die Bedeutung Robert Gnehms für unsere Firma beschränkt sich jedoch nicht auf die Zeit seiner kurzen Präsidentschaft. Als Berater der technischen Direktion in Fragen der Forschung und der Produktion und als Vermittler hochtalentierter ETH-Absolventen wie der späteren Präsidenten Hans Leemann und Arthur Stoll blieb er auch als Poly-Rektor und Schulratspräsident dem Unternehmen seines Freundes Alfred Kern aufs engste verbunden.» Im April 1910 lud der Sandoz-Verwaltungsrat Robert Gnehm, der nach wie vor ein gewichtiger Aktionär der Firma war, zu einer Sitzung ein, an welcher die Frage der Vertretung in den USA traktandiert war. Gnehm sprach sich für das Engagement eines eigenen Vertreters aus, und der Verwaltungsrat entschied sich in diesem Sinne. Die Bronzebüste von Robert Gnehm, die im Museum Lindwurm ausgestellt ist, war lange bei der Sandoz zu sehen. In dieser engen Verbundenheit nahm Gnehm seinerseits die

Dienste der Sandoz in Anspruch. Im Februar 1902 schickte er der Firma zwei Muster Schwefelfarbstoffe mit der Bitte, «gütigst eine Vergleichsfärbung» herzustellen. Der Basler Chemieprofessor Friedrich Fichter würdigte 1941 Gnehms Tätigkeit am Rheinknie wie folgt: «Man erinnert sich gerne in Basel an seine technischen Leistungen, von denen die Erfindung des Rhodamins S, eines Farbstoffs mit Bernsteinsäure als Basis, erwähnt sei, und an seine stille Art, Gutes zu tun, wo er nur konnte.»

Mit der SGCI gegen den Patentschutz

Nicht nur bei Bindschedler & Busch, Ciba und Sandoz war Gnehm eine führende Figur. Er engagierte sich auch an leitender Stelle beim Branchenverband, der Schweizerischen Gesellschaft für Chemische Industrie (SGCI, seit 2011 scienceindustries), die 1882 entstand. Sowohl Gnehm als auch Robert Bindschedler befanden sich unter den neun Männern, die am 15. Januar 1882 im Hotel «National» in Zürich die Gründung der SGCI beschlossen. Gnehm wurde Mitglied des dreiköpfigen provisorischen Komitees und nach der Gründung Aktuar. Er sass von 1882 bis 1902 im Vorstand, präsidierte die SGCI von 1887 bis 1893 und amtierte danach bis 1896 als Vizepräsident. Die SGCI war nicht einfach ein Interessenverband der Unternehmen, sondern auch ein wichtiges Bindeglied zwischen Industrie und Hochschule, das heisst der ETH. So gehörte Professor Georg Lunge ebenfalls zwanzig Jahre dem Vorstand an. Gnehm, Lunge und Professor Viktor Meyer, der auch zu den Gründungsmitgliedern gehörte, wurden später zu Ehrenmitgliedern ernannt. Dass sich unter den 64 Chemikern, die – nebst 42 Firmen – im Jahre 1882 Mitglied wurden, sechs aus dem Hause Bindschedler & Busch befanden, unterstreicht einmal mehr die führende Rolle dieser Firma.

Von allem Anfang an beschäftigte die Frage des Patentschutzes den neuen Verband. Ein Bundesgesetz zum Schutz von Erfindungen wurde 1888, später als in anderen Ländern, erlassen, und es dauerte bis 1907, bis dieses auch auf das Gebiet der synthetischen Farbstoffe ausgedehnt wurde. Die SGCI lehnte an ihrer ersten Generalversammlung 1882 ein Patentgesetz ab. Diesen Standpunkt verliess der Verband erst 23 Jahre später vollständig, «weniger aus voller Überzeugung, als dem Druck der Verhältnisse nachgebend», wie es im Bericht des Vorstands für 1907/08 heisst. «Als schliesslich im Jahre 1905 zum ersten Mal dem Schutz der chemischen Erfindungen zugestimmt wurde, schränkte man dieses Zugeständnis durch das Verlangen nach Ausschluss der Applikationsindustrien ein.» Gnehm gehörte, im Gegensatz zu Lunge, zu den Gegnern des Patentgesetzes. Als die Gesellschaft ehemaliger Polytechniker (GEP) 1879 ein Agitationskomitee für die Schaffung eines Patentgesetzes bildete, stiess dieses gerade bei der chemischen Industrie auf Widerstand. Diese delegierte den Gegner Robert Gnehm in

FORTSCHRITTE DER TEERFARBENINDUSTRIE

Am 23. Juli 1912 wurden in der «Neuen Zürcher Zeitung» die Fortschritte der Teerfarbenindustrie ausgiebig gelobt: «Die deutsche und die schweizerische Farbenindustrie darf mit Recht stolz darauf ein, dass sie im Laufe von nur vierzig Jahren sozusagen jede natürliche Farbe durch eine bessere und billigere künstliche ersetzt hat. Was am Anfang gesündigt wurde, fällt kaum ins Gewicht, wenn man die unübersehbare Farbenskala bedenkt, die im Laufe der Jahre in die Welt hinaus gesandt wurde. Der gewöhnliche Sterbliche macht sich kaum einen Begriff davon, welcher ungeheure Scharfsinn und welche Anstrengungen in jeder der Farbenfabriken aufgewendet werden, um immer wieder neue und bessere, echtere und billigere Farben zu erfinden.»

das Agitationskomitee, um dessen Tätigkeit zu erschweren. An der ausserordentlichen Hauptversammlung der SGCI von 1901, an welcher die Basler Farbenfabriken zum Teil – nach geänderter Meinung – ein Ja empfahlen, nahm Gnehm eine Mittelstellung ein. Mit 37 Nein-Stimmen gegen sechs Ja, die ein faires Gegenrecht gewähren wollten, und zwölf bedingten Ja-Stimmen (für Stoffpatent, gegen Verfahrenspatent) bei einer Enthaltung behielten die Gegner noch einmal die Oberhand. Während sich von den Basler Firmen die Basler Chemische Fabrik (Bindschedler) für ein Ja sowie Gnehm, die Ciba und Hoffmann-La Roche für ein bedingtes Ja aussprachen, blieben Sandoz und Petersen beim Nein, das vor allem von den Glarner Firmen, also den Kunden der Teerfarbenindustrie, vertreten wurde. In seinem Aufsatz «Zur Rolle des Patentrechts für die Entwicklung der Basler Wirtschaft» kommt Christoph Kilchenmann zu dem Schluss, dass in der Frühphase der Branche, auch wegen der raschen Abfolge der Innovationen, die Kosten des Patentschutzes dessen Nutzen überstiegen hätten. Das änderte sich mit der zunehmenden Konsolidierung der Teerfarbenindustrie gegen Ende des 19. Jahrhunderts.

Ein weiteres umstrittenes Thema war die so genannte Giftliste bzw. der Vollzug von Art. 5 des Fabrikgesetzes, über den Gnehm 1900 bei der SGCI referierte. Die alte Giftliste von 1888 sei «so wenig rigoros gehandhabt worden, dass sie fast in Vergessenheit geriet», führte Gnehm aus. Ein Revisionsbedarf habe sich nun angestaut. «Es kamen Vergiftungsfälle, typische Berufskrankheiten vor, bei denen leider keine Haftpflicht geltend gemacht werden konnte.» Die umstrittene Frage war, ob die verwendeten Stoffe «behaftet» oder lediglich die Industrien bezeichnet werden sollten, «welche der Haftpflicht in diesem Sinne unterstehen». An einer Konferenz der Fabrikinspektoren, an welcher auch Gnehm teilnahm, hatte man sich auf die erstere Version geeinigt, die sich auch bei der SGCI in der Abstimmung schliesslich gegen die Opposition durchsetzte, die nur die Industriezweige nennen wollte. Zu den Kritikern gehörten wiederum die Glarner. Der Fabrikant Jakob Jenny-Studer bezeichnete die neue Fassung als «unbedingt unglücklich». Er könne, «gestützt auf jahrelange Beobachtungen, versichern, dass er in seinem Fabrikbetrieb nie Krankheiten durch Quecksilber oder Arsen bewirkt, habe beobachten können». Um diese beiden Stoffe ging es unter anderem. Gnehm hatte noch die Meinung geäussert, die Sache sei «nicht so gefährlich», da bei Haftungsklagen ja ausdrücklich eigentliche Berufskrankheiten nachgewiesen werden müssten. Nach dem Grundsatzentscheid wurde in einem zweiten Schritt darum gerungen, welche Stoffe auf der Liste aufgeführt werden sollten und welche nicht.

ZURÜCK AN DIE HOCHSCHULE: PROFESSOR, DIREKTOR, SCHULRATSPRÄSIDENT

V

Robert Gnehm im mittleren Lebensalter.

Robert Gnehm, seit 1894 am Lehrstuhl für organische Chemie.

Georg Lunge, Professor für anorganische Chemie.

Robert Gnehm und Georg Lunge

«So wie zwischen den deutschen akademischen Laboratorien und den Teerfarbenfabriken eine Zusammenarbeit stattfand, entspann sich auch zwischen Basel und Zürich ein reger Austausch», hält Tobias Straumann fest. Daran war Robert Gnehm führend beteiligt, blieb er doch während seiner Basler Zeit auch auf institutioneller Ebene in engem Kontakt mit der ETH. Bereits 1881, im Alter von 29 Jahren, wurde er Mitglied des Eidgenössischen Schulrats, ab 1889 war er dessen Vizepräsident. Gnehms Wahl 1881 erfolgte, als der Bundesrat die Forderungen der Gesellschaft ehemaliger Polytechniker (GEP) und des Schweizerischen Ingenieur- und Architektenvereins (SIA) erfüllte, indem er den Schulrat «unter angemessener Berücksichtigung der technischen Berufsrichtungen» von fünf auf sieben Mitglieder erweiterte und damit dessen Wandel von einem Gremium verdienter Bundespolitiker zu einer industrienahen Institution einleitete. Gleichzeitig amtierte Gnehm an seinem Wohnort Basel seit 1886 als Mitglied der Universitäts-Kuratel und ab 1892 als Erziehungsrat und Präsident der Inspektion der Realschule Basel. Die Universität Basel war trotz ihrer Nähe für die Chemie weit weniger wichtig, bis Ende des 19. Jahrhunderts gab es keine eigentliche Zusammenarbeit. «Das Interesse des Staates und der Bürgerschaft für die Chemie war bescheiden und die Mittelausstattung der Universität in diesem Bereich gab zu häufigen Klagen Anlass», stellt Christian Zeller in «Globalisierungsstrategien – der Weg von Novartis» fest. «Angehende Chemiker besuchten das Polytechnikum in Zürich und Ausbildungsstätten in Deutschland.»

In den 1890er-Jahren baute das Polytechnikum seine chemisch-technische Schule massiv aus und richtete sie inhaltlich noch stärker auf die Basler Chemie aus. Als man das mittlerweile sehr ausgedehnt gewordene Lehrgebiet der chemischen Technologie aufteilte, wurde 1894 Gnehm auf den neu geschaffenen Lehrstuhl organischer Richtung berufen, während Georg Lunge den anorganischen Teil behielt. «Er war ein äusserst gewissenhafter Lehrer; seine Vorträge waren klar und umfassend, denn er konnte aus dem Vollen schöpfen. Im Laboratorium trat er mit jedem einzelnen Praktikanten in persönlichen, wohlwollenden Verkehr, sodass er stets wusste, mit was ein Jeder eben beschäftigt war», lobte Chemieprofessor Emil Bosshard (1860–1937) Gnehms Lehrtätigkeit in seinem Nachruf in der «Schweizerischen Bauzeitung». Gnehm wurde für die damals übliche Amtsdauer von zehn Jahren berufen, mit einer festen jährlichen Besoldung von 9000 Franken «nebst Anteil an den Schulgeldern u. den Honoraren der Zuhörer». Die Lehrverpflichtung Gnehms umfasste höchstens acht Stunden Vorlesungen wöchentlich «nebst den zugehörenden Repetitorien u. den sich anschliessenden Übungen u. Arbeiten in der Abteilung der chemisch-technischen Laboratorien». Wegen seiner Berufung zum Professor musste Gnehm aus dem Schulrat der ETH zurücktreten, in welchem er seinerzeit als erster – damals aber nicht an der Hochschule tätiger – Professor Einsitz genommen hatte. 1899, als ein neues Reglement in Kraft trat, an dessen Ausarbeitung er grossen Anteil hatte, wurde Gnehm Direktor der ETH.

Schon als Direktor versuchte Gnehm die notwendigen Reformen voranzutreiben. Dies im Gegensatz zu Schulratspräsident Hermann Bleuler, der als Berufsmilitär, ohne grössere industrielle und akademische Erfahrung, eher der konservative Verwalter war. Auch wenn verschiedentlich Bleulers Reformeifer betont wurde, dürfte die folgende Formulierung in einem Nachruf die Sache ziemlich genau treffen: Bleuler habe als Schulratspräsident «in seinem unermüdlichen Fleisse und mit hohem Pflichtgefühl» ausgeharrt, bis ihn 1905 seine angeschlagene Gesundheit zum Rücktritt gezwungen habe.

Als Nachfolger Bleulers vorgeschlagen, zögerte Gnehm, das Amt des Präsidenten anzunehmen, und er lehnte zunächst ab. «Eindringliche Zusprache aus allen massgebenden Kreisen und der Hinweis auf die grosse patriotische Aufgabe bewirkten schliesslich einen Gesinnungswechsel», schreibt Gnehm in seinen Erinnerungen, die in einem Büchlein zusammen mit den Ansprachen bei der Beerdigung und den Nekrologen publiziert wurden. «Mit schwerem Herzen und wohl in der Vorahnung, dass der neue Pfad reichlich mit Dornen besetzt sei, reifte der Entschluss zur Annahme der Wahl.» Gnehm gab auch seine Tätigkeit als Professor nur ungern auf. Mit ihm wurde nach den Politikern Johann Konrad Kern (1808–1888) und Johann Karl Kappeler (1816–1888) und dem Berufsmilitär Hermann Bleuler (1837–1912) erstmals ein ETH-Professor Präsident des

a

b

a | Hörsaal der Chemie, 1896.
b | Georg Schudel und Eugen Wulkan beim Experiment im Chemielabor, um 1917.

Schulrats, der stets sehr hochkarätig besetzt war. Die «Schweizerische Bauzeitung» geizte nicht mit Vorschusslorbeeren: «Aber nicht nur, dass Professor Gnehm das seiner Leitung nun anvertraute Gebiet nach allen Richtungen überblickt, lässt uns die vom schweizerischen Bundesrate getroffene Wahl begrüssen. Seine Ernennung bedeutet für alle die zahlreichen warmen Freunde unserer eidg. Hochschule nicht etwa einen Schritt ins Ungewisse hinsichtlich des Geistes, in dem diese weiter geleitet werden soll, wie das bei Berufung eines der Schule oder gar den technischen Wissenschaften ferne stehenden Präsidenten leicht der Fall hätte sein können. Herr Gnehm hat in den letzten Jahren wiederholt Anlass gehabt, seine bezüglichen Ansichten darzulegen; so bei der Rede, die er bei der Eröffnung des Schuljahres 1903/04 gehalten hat, und in dem Gutachten der Professorenkonferenz zur Reorganisationsfrage, aus welchen Kundgebungen eine Auffassung über die unserer Hochschule gestellten Aufgaben spricht, die in den weitesten Kreisen geteilt wird.»

Gnehm wurde zu einer Zeit Schulratspräsident, als sich die ETH heftigen Angriffen ausgesetzt sah, «von allen Seiten», wie es in der «Neuen Zürcher Zeitung» hiess. Als die Kritik in den Medien, die vor allem die mangelnde Studienfreiheit betraf, 1903 in den Nationalratssaal überschwappte, wunderte sich in der NZZ ein akademischer Lehrer, dass sich dort «nicht eine einzige Stimme» erhob, «um die Anstalt mit Nachdruck zu schützen». Anderseits zelebrierte die ETH 1905 mit grossen Feierlichkeiten ihr 50-jähriges Bestehen. Gnehm nutzte wie auch der neue Poly-Direktor Jérôme Franel (1859–1939) seine Festansprache, um auf die Probleme aufmerksam zu machen. Die Dornen sollten sich bald zeigen, bestand doch am Poly tatsächlich ein umfassender Reform- und Ausbaubedarf. «Die ausgebliebene innere Reform war ihrer internationalen Reputation ebenso abträglich, wie die Raumnot ihren Ruf als eine der am besten ausgerüsteten Technischen Hochschulen beschädigte», wird in der ETH-Geschichte von David Gugerli, Patrick Kupper und Daniel Speich festgestellt. Zur kommenden grossen Arbeitslast von Gnehm gehörte die tiefgreifende Reorganisation, die Revision des gesetzlich und vertraglich geregelten Verhältnisses des Poly zu Stadt und Kanton Zürich sowie die Erneuerung und Erweiterung der Hochschulgebäude. Hinzu kam die Befriedigung sozialer Bedürfnisse im Lehrkörper und unter den Studierenden. Die ausserordentlichen Verhältnisse während des Ersten Weltkriegs sollten die Arbeit zusätzlich erschweren.

Ein Thema war damals auch – einmal mehr – die Überproduktion, die Gefahr der Schaffung eines «Proletariats» in den technischen Berufen. In seiner Rede zur Eröffnung des Studienjahres 1904/05 wehrte sich Gnehm gegen eine Verschärfung der Aufnahmepraxis und gegen Ausgrenzungen. Dabei verteidigte er die Bewerber, die keinen geradlinigen Bildungsweg hinter sich hatten. Er sprach sich dafür aus, dass man weiterhin auch per Aufnahmeprüfung ans Poly gelangen könne: «Nicht ein geregelter, korrekter Schulgang, der rauhe Kampf des Lebens, die praktische Tätigkeit hat sie zu reifen Männern gemacht. Solche als Parias zurückzustossen, weil sie nicht in die Schablone passen, empfänden wir als ein Unrecht und als eine Unklugheit.» Diese Haltung resultierte vermutlich auch aus der Erfahrung, die Gnehm in der Industrie gewonnen hatte. Einen Numerus clausus lehnte Gnehm ab, und den Ruf nach einem Verbot der Aufnahme von Ausländern betrachtete er «als eine symptomatische Erscheinung, die vorüber gehen wird». Gnehm beschwor den liberalen Geist von ehedem herauf, «um damit den Geist des Kleinmuts und der Verzagtheit von heute zu bannen». Es bedürfe ganz anderer Mittel und nicht kleinlicher Beschränkungen, um den europäischen Anschluss zu wahren. In diesen Diskussionen spielte auch die zunehmende Konkurrenz der Technika eine Rolle. Um 1905 brachen, in einem enger werdenden Arbeitsmarkt, die Rivalitäten zwischen Hochschul- und Technikumsabsolventen offen aus.

Festumzug zum ETH-Jubiläum 1905 mit 2000 Teilnehmern, hier Delegierte der Fach- und Nationalitätenvereine vor dem Hauptportal.

VI
EIN ENGAGIERTER REFORMER: UMBAU UND AUSBAU DER ETH

Die Kuppel des
ETH-Hauptgebäudes
im Bau, 1918.

Studienfreiheit, Promotionsrecht und neuer Name

1904 hatte der Schulrat dem Bundesrat eine Reorganisation der Schule vorgeschlagen. Nach intensiven Diskussionen über Schulzwang und Studienfreiheit, wie sie zuvor auch an vielen technischen Hochschulen Deutschlands stattgefunden hatten, sah das Reglement von 1908, im Jahr darauf in Kraft getreten, Vordiplome statt Jahresnoten vor, und die obligatorischen Lehrgänge wurden durch Normalstudiengänge ersetzt. Mit der Reform habe man «den Umfang der Repetitorien und Kolloquien auf ein erträgliches Mass» eingeschränkt, hält Richard Willstätter in seinen Lebenserinnerungen fest. Die Zahl der Abteilungen wuchs von acht auf elf. Gleichzeitig erhielt das Polytechnikum – auch hier waren die deutschen Pendants vorausgegangen – endlich das Promotionsrecht. 1909 ging das erste von der ETH verliehene Ehrendoktorat an Gnehm. 1911 wurde das Poly zur Technischen Hochschule erhoben, was die Namensänderung in Eidgenössische Technische Hochschule (ETH) zur Folge hatte. Seit jeher standen die Chemiker besonders tatkräftig hinter den Reformforderungen. Um die Jahrhundertwende hatten langwierige Verhandlungen zwischen Bund, Kanton und Stadt Zürich über die Aussonderung des Besitzes begonnen. Es ging um die Ausscheidung der Immobilien und um die Neuregelung der aus allen Nähten platzenden Sammlungen, für welche der Bund mit Kanton und Stadt in den ersten Jahren des Bestehens des Poly Verträge abgeschlossen hatte. Deren Räume erinnerten, wie sich Gnehm einmal ausdrückte, «mehr an überfüllte Warenmagazine als an geordnete wissenschaftliche Sammlungen». Der Aussonderungsvertrag kam Ende 1905 zustande, doch konnte er erst 1908, nach Volksabstimmungen in Stadt und Kanton sowie der Zustimmung der Bundesversammlung, in Kraft treten. Der Kanton trat die Gebäude an die Eidgenossenschaft ab, und bei den Sammlungen wurden Besitz, Aufstellung, Pflege und die Rechte zur Benützung geregelt.

Eine ständige Baustelle

Nun war der Weg frei für den räumlichen Ausbau der ETH – die zweite grosse Aufgabe in Robert Gnehms Amtszeit als Schulratspräsident. Auf die erste Bauperiode von 1859 bis 1874 und eine zweite von 1884 bis 1900 folgte von 1912 bis 1925 nun die dritte. Bauliche und organisatorische Fortentwicklung liefen also parallel. Dabei ging es auch um die Stärkung der internationalen Konkurrenzfähigkeit: «Mit einer gewissen Besorgnis sah Präsident Gnehm im Spätherbst 1911 den im Entstehen begriffenen Kaiser Wilhelm-Instituten und ihrer Wirksamkeit unter Führung von Gelehrten mit Weltruf entgegen», hält Gottfried Guggenbühl in seiner ETH-Geschichte fest. Es war auch eine Tatsache, dass die ETH deutsche Professoren in der Regel verlor, wenn sie einen Ruf aus Deutschland erhielten. Durch

EIDG. TECHNISCHE HOCHSCHULE ZÜRICH

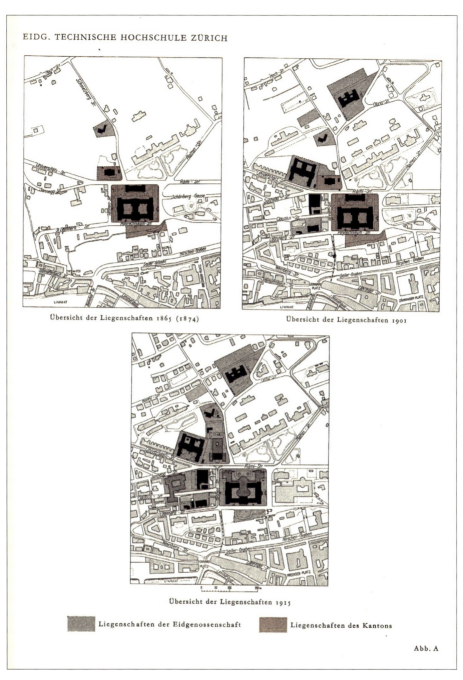

Übersicht der Liegenschaften 1865 (1874)

Übersicht der Liegenschaften 1901

Übersicht der Liegenschaften 1915

Liegenschaften der Eidgenossenschaft   Liegenschaften des Kantons

Abb. A

Die bauliche Entwicklung im Hochschulviertel 1865–1915. Auf dem jüngsten Plan (unten) ist ausser dem Neubau an der Sonneggstrasse (links aussen) auch der 1914 bezogene Neubau der Universität (an der Rämistrasse ganz rechts) sichtbar. Er wurde erstellt nach Plänen von Karl Moser und Robert Curjel.

Die Kuppel der ETH Zürich im Bau.

den Auszug der Universität in ein eigenes Haus wurde der Südflügel des ETH-Hauptgebäudes frei, was angesichts der steigenden Studentenzahlen und der wachsenden Aufgaben der ETH aber nicht genügte. Der Ausbau des Hauptgebäudes beinhaltete auch eine Renovation des ursprünglich in schlechter Bauqualität erstellten Semper-Baus. Der beauftragte Architekt Gustav Gull (1858–1942), ETH-Professor, ersetzte den Ostflügel und den Mittelteil des bestehenden Gebäudes vollständig. Als neue Elemente kamen am Süd- und Nordflügel zwei Fortsetzungen gegen Osten hinzu, und den Mittelteil des Ostflügels überdeckte Gull mit einer Kuppel, die 1918 im Rohbau fertig war.

Die Erweiterung des Hauptgebäudes und des land- und forstwirtschaftlichen Gebäudes sowie der Neubau eines Naturwissenschaftlichen Institutes erforderten einschliesslich der Kosten für Umgebungsarbeiten, Mobiliar und innere Einrichtung sowie weitere damit zusammenhängende Ausgaben annähernd 11.5 Mio. Franken. Die Bewilligung des sehr grosszügigen Kredits war eine äusserst zähe Sache. «7 Uhr 15 begann die Polytechnikums-Kanonade und zweiundzwanzigmal meldeten die rauchenden Schlunde durch den Nebel die frohe Botschaft, dass der langersehnte Kredit für die Um- und Erweiterungsbauten nunmehr auch vom Ständerat bewilligt sei», berichtete die «Neue Zürcher Zeitung» am

19. Dezember 1911. Am 16. Januar 1912 folgte ein grosser Fackelzug der Studenten, der von fünf Musikkorps begleitet wurde. «Mit dieser Anstalt wird ein Werk geschaffen, das einzig dasteht in der Schweiz, und stolz wird es dereinst neben dem neuen Universitätsgebäude prangen, das mit den grössten Opfern des Zürcher Volkes geschaffen, jetzt im Werden begriffen ist», erklärte Rektor Theodor Vetter (1853–1922) in seiner anschliessenden Ansprache.

Der Erste Weltkrieg verzögerte die Bauarbeiten. Es fehlte «bald an Werkleuten, bald an Materialien, bald an Beförderungsmitteln und hie und da auch an gutem Wetter». Hinzu kamen verschiedene Streiks. All das hatte zusammen mit der massiven Teuerung zur Folge, dass die Bundesversammlung 1921 und 1923 Nachtragskredite von nochmals rund elf Mio. Franken bewilligen musste. 1925 war diese grosse Bauperiode abgeschlossen. «Die Vollendung der Bauten schien in Frage gestellt. Gnehms Umsicht und Energie danken wir es zum grossen Teil, wenn sie doch zu gutem Ende geführt wurden. Die Sorgen um die Bewilligung der sehr beträchtlichen Nachtragskredite traten zu den Schwierigkeiten hinzu, die die Kriegszeit und die darauf folgenden Jahre für den inneren Betrieb der Hochschule in reichlichem Masse brachte, die aber, nicht zuletzt durch die kaltblütige, ruhige Leitung des Präsidenten, überwunden wurden», lobte Emil Bosshard in seinem Nachruf in der «Schweizerischen Bauzeitung». Umso stolzer war man auf das Ergebnis: Der ganzen Ausbauphase hat man 1930 mit der Festschrift zum 75-jährigen Bestehen der ETH, welche unter anderem einen Beitrag des inzwischen verstorbenen Robert Gnehm und den ausführlichen Baubericht des bauleitenden Architekten Gustav Gull enthält, ein Denkmal gesetzt. Dass die Führung einer Hochschule während der schwierigen Kriegsjahre auch sonst an den Kräften zehrte, muss nicht besonders betont werden. Noch in die Amtszeit Gnehms fiel eine weitere Revision des Reglements, die im Herbst 1924 in Kraft trat und die innere Reform der Schule definitiv konsolidierte. Der Bestand der Bibliothek wuchs während seines Präsidiums von rund 60 000 Bänden auf beinahe das Doppelte, und sie umfasste zudem schon weit über eine halbe Million Patentschriften.

Zwei Unbekannte in München

Unter Schulratspräsident Gnehm wurden wichtige Professoren ans Poly berufen. Die europäische Hochschullandschaft war inzwischen längst ein Markt, in welchem man sich gegenseitig die Professoren abwarb, wobei die Schweizer Hochschulen vor allem von deutschen Schulen konkurrenziert wurden. Der Chemiker Richard Willstätter (1872–1942) beschreibt in seinen Lebenserinnerungen, wie die Berufung in seinem Falle ablief: «An einem schönen Junimorgen 1905 um 7 Uhr sassen in der obersten Reihe meines Hörsaals zwei Unbekannte, die

Der Nobelpreisträger Richard Willstätter wurde von Robert Gnehm an die ETH Zürich geholt.

schlecht auf das Bänkchen passten, die stattliche und gewinnende Erscheinung eines guten Fünfzigers und sein jüngerer Begleiter, eine wohlgerundete Gestalt. Meine Kollegstunde über Disazofarbstoffe, wobei es einige Kupplungsexperimente im Reagensglas und verschiedene Färbeversuche gab, war schlecht, wie immer am Freitagmorgen nach einem Junifeiertag. Es war wie im Märchen: der Kalif hiess Robert Gnehm, Präsident des Schweizer Schulrats, und der Wesir war der Botaniker [Gustav] Hegi (1876–1932), sein Neffe, der später als Schweizer Generalkonsul in München wirkte.» Gnehm «liess sich durch meine Vorlesung nicht abschrecken, sondern er besuchte zuerst den Geheimen Rat von Baeyer und kam dann zu mir ins Privatlaboratorium, um mich für das Ordinariat zu gewinnen. [...] So ging ich zu sogenannten Unterhandlungen nach Zürich, für die eine Unterhaltung von ein paar Minuten genügte. Der Entschluss war schon beim Frühstück in dem schönen Hotelgarten nahe am See gefasst.» Die Arbeitsbedingungen in Zürich waren gemäss Willstätter, mit welchem man einen hervorragenden Chemiker an die ETH holte, viel besser als diejenigen in München. «Entscheidend war jener allgemeine Arbeitsraum im Untergeschoss [des Chemiegebäudes von 1886], so gross wie einer der Unterrichtssäle, die darüber lagen. Durch ihn war ich gewonnen. Hier hinein rollten drei Monate später die grossen Fässer mit dem Pulver getrockneter Brennesseln, womit sich in gutem Massstab die Darstellung von Chlorophylllösungen beginnen liess.» Willstätter blieb bis

EINSTEIN UND ZANGGER

*Heinrich Zangger (1874–1957) und Albert Einstein (1879–1955) lernten sich beruflich kennen. Als Zangger bei seiner Tätigkeit auf dem Gebiet der Kolloide Hilfe suchte, verwies ihn der Dampfturbinenbauer Aurel Stodola (1859–1942), Professor für Maschinenbau und Maschinenkonstruktion an der ETH (75, **Aurel Stodola**), an Einstein, der damals auf dem Patentamt in Bern arbeitete. «Aus diesem Zusammentreffen entwickelte sich eine lebenslängliche Freundschaft.» Etwa zur Zeit der Berufung Einsteins arbeitete Gnehms Tochter bei Zangger an einer Dissertation, die 1912 anlässlich der Eröffnung des neuen gerichtlich-medizinischen Instituts der Universität veröffentlicht wurde. Marie Gnehm befasste sich in ihrer umfangreichen und äusserst gut dokumentierten, an der medizinischen Fakultät eingereichten Doktorarbeit mit den «gesetzlichen Schutzmassnahmen gegen die gewerbliche Bleivergiftung in den europäischen Ländern» und streifte damit durchaus auch das Tätigkeitsgebiet ihres Vaters.*

Albert Einstein, im Urteil von Robert Gnehm «ein genialer Kopf, voll schöpferischer Gedanken».

Die Nobelpreisträger Peter Debye (Physik, links) und
Hermann Staudinger (Chemie, rechts).

1912 in Zürich. Dann wechselte er nach Berlin und 1916 wiederum nach München, wobei er seinen Assistenten Arthur Stoll, den Gnehm später an die Sandoz vermittelte, mitnahm. 1939 verhalf Stoll dem Juden Willstätter zur Flucht in die Schweiz und für die letzten Lebensjahre zu einer Bleibe, der Villa Eremitaggio in Locarno.

Berufung von Albert Einstein

Eine zweite wichtige – und auf jeden Fall im Nachhinein Aufsehen erregende – Berufung in Gnehms Amtszeit war diejenige von Albert Einstein. Dabei war Gnehm aber nicht die treibende Kraft, sondern sie war im Wesentlichen den nicht nachlassenden Bemühungen von Heinrich Zangger, Gerichtsmediziner an der Universität Zürich, zu verdanken. Gnehm stellte sich zunächst gegen die Berufung, weil er Einstein zwar als genial einstufte, als Lehrer für die grosse Masse jedoch für ungeeignet hielt. Zudem goutierten es viele Polyprofessoren nicht, dass sich ein Mediziner von der Universität in ihre Berufungspolitik einmischte. Nachdem Gnehm aber einmal überzeugt war, empfahl er Einstein, um den sich auch andere Hochschulen bemühten, als Professor für theoretische Physik. Gestützt auf einen Schulratsbeschluss schrieb er am 23. Januar 1912 ans Eidgenössische Departement des Innern: «Herr Einstein ist ein genialer Kopf, voll schöpferischer Gedanken. Er ist kein Dozent, der durch oratorisches Blendwerk und Temperament zu fesseln versteht; dagegen wirkt er durch die Sicherheit und Klarheit der Darstellung. Selbst die allerschwierigsten Probleme soll er fasslich vorzutragen vermögen. Seine Jugend und Alles spricht für eine würdige und fruchtbare Fortsetzung der mit ungewöhnlichem Erfolg begonnenen wissenschaftlichen Laufbahn.» Wenn es denn unbedingt nötig sei, werde er gerne zu einer Unterredung nach Zürich kommen, hatte Einstein am 13. Dezember 1911 aus Prag an Gnehm geschrieben. «Aber ich muss sagen, dass der Verlust der drei Tage, welche die Reise in Anspruch nähme, für mich ziemlich empfindlich wäre, da ich mit dringlichen Arbeiten überhäuft bin.» Derweil mahnte Zangger einen Tag später den Schulratspräsidenten: «Zufällig vernahm ich von Wien, dass man ihn zu einem Vortrag nach Wien einladen wird auf Ende Januar, mit dem Gedanken, event eine Stellung zu schaffen etc. Ich möchte es auch diesmal nicht auf dem Gewissen haben, diese Gefahr nicht bei Zeit vermerkt zu haben.» Tatsächlich in Konkurrenz zu Zürich stand Utrecht. Seine am 30. Januar 1912 vom Bundesrat beschlossene Berufung quittierte Einstein in einer Karte an das Ehepaar Professor Stern mit einem «haleluia!». «[...] und habe hier schon meinen k. k. Abschied angemeldet. Darob bei uns Alten und beiden Bärchen [Kindern] grosse Freude, sodass ich nicht umhin kann, es Ihnen mitzuteilen.»

  Einstein kannte das Polytechnikum von seinem Studium (von 1896 bis 1900). 1905 hatte er an der Universität Zürich promoviert und 1909 bis 1911 dort als Professor gelehrt. Zum Zeitpunkt seiner Berufung war er Professor an der deutschen Universität Prag. Dass Einstein nach nur zwei Jahren einem Ruf an die Preussische Akademie in Berlin folgte, war wohl nicht nur für Heinrich Zangger eine Enttäuschung. Zanggers spätere Versuche, Einstein zurückzugewinnen, waren erfolglos. In einem Brief an Zangger von 1921 nannte Einstein dafür noch einen speziellen Grund: «Und offen gestanden finde ich die Schweizer besonders kleinlich. Ich werde nie vergessen, wie mir der Rektor Vetter bei meinen Relativitätsvorträgen, die ich vor ein paar Jahren in Zürich hielt, vorwarf, dass die Heizung meines Hörsaales so viel Geld kostete!» Von den Professoren aus Gnehms Zeit als Schulratspräsident erhielten später nicht nur Willstätter und Einstein, sondern auch die Chemiker Hermann Staudinger (1881–1965) und Richard Kuhn (1900–1967) sowie der Physiker Peter Debye (1884–1966) den Nobelpreis.

VII
FACHAUTOR, REKRUTIERER, EXPERTE

Arthur Stoll, Verwaltungsratspräsident von Sandoz, begann seine Karriere im Unternehmen auf Vermittlung von Robert Gnehm.

Handbücher und Fachartikel

Neben seinen Aufgaben als Professor und Direktor der ETH wirkte Gnehm, wie viele Professoren, auch als Experte. Er war ferner in seinem grossen Beziehungsnetz ein begnadeter Rekrutierer und weiterhin als Fachautor tätig. Mit wissenschaftlichen Publikationen profilierte sich Gnehm schon sehr früh. So war er Mitarbeiter an Bolleys Handbuch der technisch-chemischen Untersuchungen, das sein Lehrer Emile Kopp fortführte und in vierter Auflage von 1874 bis 1876 herausgab. Bereits als Assistent verfasste er Artikel für Fachzeitschriften. 1897 schrieb er einen Teil des Bolley-Engler'schen Handbuches der chemischen Technologie, eine monographische Zusammenfassung des damaligen Wissens über die Anthracen-Farbstoffe. Am bekanntesten ist sein 1902 erstmals erschienenes Taschenbuch für die Färberei und Farbenfabrikation. In diesem unter Mitwirkung seines Assistenten Heinrich Surbeck verfassten Werk gab Gnehm die Erfahrungen seines Unterrichtes in Beispielen für die Übungen im Färberei- und Druckerei-Laboratorium weiter.

Vornehmlich Erfahrungen und Resultate, die bei den Arbeiten in seinem Laboratorium gewonnen wurden, beinhalten die vielen Abhandlungen, die er mit verschiedenen Mitarbeitern in Fachzeitschriften veröffentlichte. So berichteten Gnehm und Felix Kaufler, mit welchem Gnehm noch andere Fachartikel publizierte, 1904 an die Deutsche Chemische Gesellschaft über ihre Versuche mit Immedialreinblau. Es sei ihnen gelungen, «aus dem Immedialreinblau ein definirbares, krystallisirtes Abbauproduct zu gewinnen». Nachdem bei mehreren Versuchen «bereits beim Vermischen der Reagentien eine so heftige Einwirkung stattfand, dass das Einschmelzrohr zerschmettert wurde, und bei anderen eine zu starke Zersetzung und Verkohlung erfolgte», fanden Gnehm und Kaufler schliesslich ein durchführbares Verfahren. Der Österreicher Felix Kaufler (1878–1957), Privatdozent für Allgemeine und Organische Chemie an der ETH, leitete später die analytischen Forschungslaboratorien der Firma Wacker Chemie. 1939 emigrierte er, von den Nazis wieder als Jude deklariert, gerade noch rechtzeitig nach Australien, wo er die chemische Industrie aufbauen half.

Weitere solche Arbeiten hatten – unter anderem – zum Thema: die Vorgänge beim Beschweren von Seide, die Einwirkung von Diazokörpern auf Tartrazin, Sulfosäuren und einige andere Derivate des Diphenylamins, Gallaminsäurederivate und die Bestimmung des Methylalkohols im Formaldehyd. Gnehm veröffentlichte im Bereich nahezu sämtlicher damals bekannter Farbstoffklassen. Hinzu kam die Betreuung von Abhandlungen seiner Schüler. Zu Gnehms Doktoranden gehörte zum Beispiel der Geobotaniker Eduard Rübel (1876–1960), der aber seinen Doktor wie Gnehm noch an der Universität machen musste. Nach seiner Wahl zum Schulratspräsidenten versiegte diese publizistische Tätigkeit mehr oder weniger. Dafür waren zuweilen auch andere Gründe verantwortlich. Die sechste Auflage der «Chemisch-technischen Untersuchungsmethoden» von Georg Lunge und Ernst Berl, die 1911 bei Julius Springer erschien, enthielt zwar nach wie vor den Teil über organische Farbstoffe, Prüfung der Gespinstfasern und Untersuchung der Appreturmittel von Robert Gnehm, doch die siebte Auflage verzögerte sich. Der Ausbruch des Krieges mache eine Verschiebung der Ablieferungstermine der Manuskripte notwendig, schrieb Berl an Gnehm am 20. Oktober 1914 aus dem ungarischen Sarvar. «Mehrere Mitarbeiter sind zu den Fahnen geeilt und auch der unterzeichnete Herausgeber wurde einberufen und dient seinem Vaterland als Leiter einer neu organisierten Schiesswollfabrik in Sarvar.» Die Vereinbarung eines neuen Ablieferntermins werde «sofort nach Eintritt ruhigerer Verhältnisse erfolgen». Berl wies Gnehm auch noch darauf hin, dass die Verlagsbuchhandlung von Julius Springer «ständig über meinen Aufenthaltsort während des Krieges unterrichtet sein» werde. Die wiederum vierbändige siebte Auflage erschien dann 1921 bis 1924, ohne Mitwirkung von Gnehm, wobei sich die neuen Bearbeiter «seiner» Themen aber stark auf ihn stützten.

Vermittler von Nachwuchskräften

«Durch die engen Kontakte von Edouard Sandoz zu Robert Gnehm stand der Firma ein wissenschaftlicher Berater zur Seite, der nicht nur ein erfahrener Praktiker war, sondern durch seine Lehrtätigkeit am Eidgenössischen Polytechnikum auch nützliche Beziehungen zu akademischen Kreisen hatte. Auf seine Empfehlung hin traten in den nächsten Jahrzehnten immer wieder junge begabte Wissenschaftler in die Firma ‹Sandoz & Cie.› ein, die dem Unternehmen zum Erfolg verhalfen», schreibt Hans Fritz in seiner Dissertation über die Arzneimittelherstellung. Das bekannteste Beispiel von Gnehms Vermittlungs- bzw. Rekrutierungstätigkeit ist Arthur Stoll (1887–1971), der ab 1917 bei Sandoz die Pharmaabteilung aufbaute. Gnehm eröffnete ihm Anfang 1917 die vertrauliche Mitteilung, dass «eine der gut arbeitenden, trefflich geleiteten und ihm näher bekannten schweizerischen Anilinfarben-Fabriken» daran interessiert wäre, ihn als Mitarbeiter zu gewinnen. «Seine Arbeiten waren eindeutig auf die Hochschulforschung ausgerichtet», führte Sandoz-Präsident C. M. Jacottet in seinem Nachruf auf Stoll aus. «Professor Gnehm erkannte mit klarer Sicht, dass es dem Willstätter-Schüler Stoll gelingen würde, sich auf industrielles Denken umzustellen und den Grundstein zu einer pharmazeutischen Forschung innerhalb eines Unternehmens zu legen, das sich bislang fast ausschliesslich als Farbstoff-Fabrik betätigt und bewährt hatte.» Stoll seinerseits attestierte Gnehm in einem Brief an dessen Tochter Marie, «dass er mit grossem Weitblick verstand, die rechten Leute an den rechten Platz zu stellen». Dafür sei er selbst «unter Vielen nur ein kleines Beispiel». Stoll, der als Assistent von Willstätter bereits über einen beachtlichen wissenschaftlichen Leistungsausweis verfügte und dem soeben der Titel eines Königlich-Bayrischen Professors verliehen worden war, sagte zu. Bei Sandoz folgte eine glänzende Karriere bis zum Delegierten und Präsidenten des Verwaltungsrats. Zudem wurde Stoll 18-fach mit dem Dr. h. c. ausgezeichnet.

Als die ETH 1926 nach dem Weggang von Hermann Staudinger die Professur für Allgemeine Chemie neu zu besetzen hatte, befand sich auch Stoll unter den valablen Kandidaten. Gemeldet hatten sich 27 Ausländer und fünf Schweizer. Richard Willstätter, den man für eine Rückkehr nach Zürich zu gewinnen suchte, sagte ab. «Von den angemeldeten Schweizern kann für diese Professur keiner ernstlich in Betracht fallen», wurde im Schulrat berichtet. «Es handelt sich hier um den Lehrstuhl eines Viktor Meyer, eines Hantzsch, eines Willstätter, und da kann nur ein Fachgelehrter ersten Ranges in Frage kommen. Hält man unter den Schweizern weiter Umschau, so ist zu sagen, dass die HH. Prof. Dr. Stoll, Direktor bei Sandoz in Basel, und Prof. Dr. Karrer in Zürich sich durch ihre wissenschaftlichen Arbeiten als bedeutende Forscher bekannt gemacht haben. Von beiden muss indessen abgesehen werden: von Stoll – wie auch eine Unterredung mit Dr. Böniger [Sandoz-Direktor] bestätigte – weil er noch für Jahre vertraglich an seine Stelle gebunden ist, und von Karrer mit Rücksicht auf die Universität Zürich. [...] Unter den obwaltenden Umständen bleibt nichts anderes übrig, als sich unter den Ausländern umzusehen.» Die letztere Aussage zeigt auch, dass der aufkommende Nationalismus nach dem Ersten Weltkrieg die bisherige Offenheit der Schule in Mitleidenschaft zog, was zum Beispiel Richard Willstätter in seinen Lebenserinnerungen negativ anmerkte.

Gegen die Abschottung

Gut zwei Jahre zuvor, im Februar 1924, war im Schulrat bei der Behandlung eines Postulats zur Herabsetzung der Studiengebühren aber noch die Bedeutung des internationalen Austauschs betont worden. «Schweizer und Ausländer haben auf unserer Hochschule wertvolle Beziehungen geknüpft, die den einen und anderen gedient haben. Zahlreiche Schweizer hatten vor dem Kriege leitende Stellungen im Auslande gefunden. Die Ausländer, die bei uns studiert hatten und hierbei unsere Fabriken, unsere Unternehmungen, unsere Arbeitsorganisation kennenlernten, wurden die wertvollsten Träger unserer industriellen Bestrebungen nach aussen.» Weiter wurde darauf hingewiesen, dass die ausländischen Hochschulen und die ausländische Industrie in den Grossstaaten «nicht in gleichem Masse wie unser Institut und die schweizerische Volkswirtschaft der Wechselwirkungen mit dem Auslande» bedürften. «Der Weltruf unserer Hochschule wurde grösstenteils durch diejenigen Absolventen der E.T.H., die – Schweizer und Ausländer – im

Auslande tätig sind, gegründet. Die Tätigkeit dieser beiden Kategorien wertvoller ‹Ehemaliger› darf nicht erschwert werden.»

Rebblätter vom Rheinfall

«Daneben wirkte er öfters als Berater von Behörden und Gewerbetreibenden in chemischen Fragen», heisst es in einem Nachruf auf Gnehm. «Bewundernswürdig war der Scharfsinn, mit dem er bei Expertisen manchmal verwickelte Fragen beurteilte.» Das Spektrum dieser Arbeiten war sehr breit. Der Stadtrat von Zürich bestellte bei Gnehm ein 1896 bzw. 1898 abgeliefertes Gutachten über «den Stand der Beleuchtung in der Stadt Zürich mit Acetylen und Aerogengas». 1900 erstellte Gnehm zuhanden des Obergerichts des Kantons Thurgau ein Gutachten über eine Acetylen-Explosion in Diessenhofen und für die Färberei August Weidmann ein solches über die Zolltarifierung von Gambir (Gerbstoff). 1901 fragte das Eidgenössische Industriedepartement per Telegramm an, ob der Phosphorwasserstoff, der bei der Zündhölzchenfabrikation entstehe, nicht ebenfalls auf die Giftliste gesetzt werden müsste. Ebenfalls für das Industriedepartement wirkte Gnehm 1905 als Experte in der Frage der Überzeitbewilligung im Färbereigewerbe. Im Wesentlichen ging es um die Frage, «ob die [vom Departement] erteilten Bewilligungen technisch begründet sind». Gnehm kam, nicht besonders überraschend, zu dem Schluss, dass sie das waren.

Eine sehr umfangreiche, mit verschiedenen Ortsbegehungen verbundene Expertise erstellte Gnehm, zusammen mit Professor Julius Weber aus Winterthur und Professor Jakob Meister aus Schaffhausen, im Prozess des Neuhauser Hoteliers Franz Wegenstein gegen die Aluminium-Industrie-Aktien-Gesellschaft (AIAG, später Alusuisse). In dem Verfahren, das sich von 1895 bis 1902 hinzog, ging es um einen vermuteten Rauchschaden. Am Rheinfall prallten früh die Interessen des Tourismus bzw. des Umweltschutzes und der Industrie aufeinander. Wegenstein klagte, dass die Aluminiumhütte und das Anodenwerk (Kohlefabrik) seine Reben schädigen würden. Die Rebblätter, welche 1895 als Beweisstück dienen sollten, befinden sich, in fragilem Zustand, nach wie vor im Nachlass Gnehm im Archiv der ETH.

Die «Sektion der chemischen Experten» kam zu folgendem Resultat: «Durch unsere Erhebungen haben wir den allgemeinen Eindruck erhalten, dass mit den Einrichtungen der Aluminiumfabrik in Bezug auf Absorption und Condensation schädlicher Gase das erreicht wird, was bei einem derartigen Betrieb verlangt werden kann. Es schien uns, dass in der Fabrik zur Verhinderung von Rauchschäden – für den gegenwärtigen Betrieb und unter der Voraussetzung, dass die Installation regelmässig und normal funktionirt – dasjenige getan wird, was dem heutigen Standpunkte der Technik entspricht.» Die AIAG wurde also

Auch für das Schweizerische Industriedepartement war Robert Gnehm verschiedentlich als Experte tätig.

mehr oder weniger weiss gewaschen. Sie nahm im Übrigen Gnehms Dienste auch als Berater in Anspruch, was an dessen Unabhängigkeit doch zweifeln lässt.

Flecken auf Seide

1903 erschien in der «Zeitschrift für Farben- und Textil-Chemie» ein Beitrag von Robert Gnehm «Über die Fleckenbildung auf Seidenstoffen». Darin beschrieb Gnehm seine Versuche mit einem Verfahren des Lyoner Chemikers F. Sisley von der Teinture Vulliod, Ancel & Cie. zur Vermeidung von Flecken. Gnehm verschickte seinen Artikel an die Praktiker in der Industrie und erhielt eine ganze Reihe von Rückmeldungen. So zum Beispiel von Dr. E. Bänziger von der Bobinen-Färberei Romanshorn, der mit Gnehm ebenfalls schon publiziert hatte, und von der «Vereinigte Glanzstoff-Fabriken AG» in Niedermorschweiler im Elsass. Die Färbereien waren an den Versuchen auch interessiert, weil ihnen die Schuld an den Flecken zugeschoben wurde. So schrieb die Seidenfärberei J. Baumann & Dr. A. Müller in Zürich: «Wenn wir nun den Nachweis leisten, dass die Seide bei der Ablieferung unserseits frei von Chloralkalien ist, während später eine solche Substanz auf den inzwischen fleckig gewordenen Stellen, und nur da, nachgewiesen wer-

Austausch zwischen Hochschule und Praxis: Schreiben des Chemikers Sisley aus Lyon an Robert Gnehm zum Thema «Fleckenbildung auf Seidenstoffen».

den kann, so wäre es ungerechtfertigt, den Schaden einfach dem Färber aufbürden zu wollen.» Es sei «unbedingt geboten», allen, «welche mit der Seide oder dem Stoff in Berührung kommen, grösste Reinlichkeit zu empfehlen». Baumann & Müller empfahlen eine Reihe von praktischen Massnahmen. So sollten die Arbeiter in den Websälen oder gar bei den Stühlen nicht essen dürfen, und zum Fadenknüpfen dürften die Finger nicht benetzt werden. «Stücke mit empfindlichen Farben dürfen nur solchen Arbeitern anvertraut werden, welche nicht an den Fingern schwitzen.»

Aus Paterson (New Jersey) dankte Emil Roetheli für die Zusendung des Separatabdruckes und teilte mit, dass die Wiederholung der Lyoner Versuche (Sisley) «auf hiesigem Boden» bisher nicht gelungen sei. Sisley selbst schliesslich bedankte sich für die zusätzliche Verifizierung seiner Versuche, «qui me donne toute satisfaction», und für die grosse Arbeit, die Gnehm geleistet habe. Insgesamt ein illustratives Beispiel für die enge Zusammenarbeit von Hochschule und Industrie bzw. für die Vernetzung von Robert Gnehm. Weil er als industrienaher Chemiker ein wachsendes Interesse der chemischen Industrie an Forschungsaktivitäten beobachtete, versuchte er generell die Ausrichtung der ETH auf die wissenschaftliche Forschung dezidiert zu stärken.

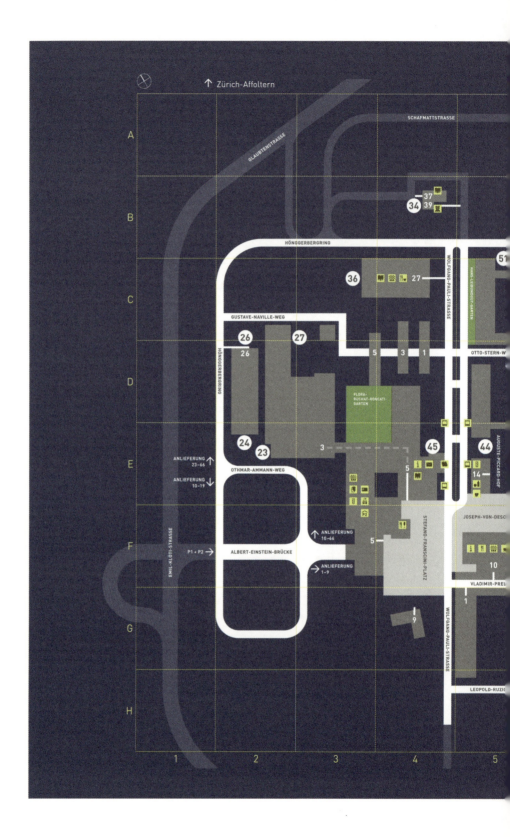

An der ETH Hönggerberg gibt es einen Robert-Gnehm-Platz und einen Robert-Gnehm-Weg an zentraler Stelle.

Eine Bilanz

«Es unterliegt wohl keinem Zweifel, dass die Sorge für die idealen Interessen der unter seiner Obhut stehenden Hochschule, die namentlich in den letzten Jahren nur allzuoft mit der harten Wirklichkeit in Gegensatz stunden, ihn schwer bedrückte und seinem Wirken früher ein Ende bereitete, als es bei seiner unerschütterlich scheinenden Gesundheit zu erwarten schien», hielt Emil Bosshard in seinem Nachruf auf Gnehm fest. Seine Amtsführung war von Zurückhaltung und Vorsicht geprägt. Geradezu überschwänglich würdigt ihn ETH-Professor Gottfried Guggenbühl (1888–1959), der Gnehm noch persönlich kannte, in seiner Geschichte der ETH von 1955: «Eine vielseitige Bildung, die ausser mathematischen, naturwissenschaftlichen und technischen Gebieten auch literarische und künstlerische sowie juristische Bereiche umfasste und beständig erweitert wurde, gab ihm das innere Recht, wenn auch nicht durchweg zu einem fachlichen Urteil, so doch zur abwägenden Mitsprache in den meisten Angelegenheiten des geistigen Lebens.» Auch Richard Willstätter findet in seinen Erinnerungen lobende Worte, die Gnehm ziemlich präzise charakterisieren dürften: «In dem Schulratspräsidenten Gnehm hatte ich von der ersten Begegnung an einen wohlwollenden Vorgesetzten, und mehr als das: Gnehm erwies mir grosses Vertrauen, und mit den Jahren vertiefte sich bei mir die Empfindung, dass der zurückhaltende, vielleicht sogar verschlossene Mann mich durch eine Art väterlicher Freundschaft auszeichnete. Gnehm hatte in den Angelegenheiten seines Amtes sorgfältig vorbereitete, bestimmte eigene Meinungen. Er galt wegen seiner sachlichen Strenge als nicht leicht zu behandeln. Mir ist als ein starker Wesenszug bei ihm die gute Vereinigung von Bescheidenheit und Würde aufgefallen.» Das Gütigste, was Gnehm für ihn getan habe, sei gewesen, «dass er meine Wahl zum Rektor in geeigneter Weise verhütete», schreibt Willstätter. Dieser wurde von Gnehm sehr gefördert und auch immer wieder mit Mitteln, die der Schulratspräsident noch zur Verfügung hatte, bedacht. Unter seinem Präsidium, bemerkte die «Neue Zürcher Zeitung» bei Gnehms Rücktritt, habe sich «nach und nach ein so angenehmes Verhältnis unter den Professoren herausgebildet, wie es an wenigen Hochschulen besteht». Der Vorwurf eines Politikers, dass Gnehm die Hochschule wie ein Tyrann führe, habe seinerzeit letztlich nur Heiterkeit ausgelöst.

Gnehm nahm eine wichtige Scharnierfunktion als «Schlüsselfigur der akademischen Chemie und der chemischen Industrie» wahr, stellt Tobias Straumann fest. Er habe vom Beginn der 1880er- bis zur Mitte der 1890er-Jahre, «die als die entscheidende Phase der Neuorientierung von Industrie und Hochschule gelten», in seiner Person – als Schulrat (1881–1894) und Vorstandsmitglied der neu gegründeten Schweizerischen Gesellschaft für Chemische Industrie (1882–1896) – eine Vielzahl von Schlüsselpositionen vereinigt. Und er trug entscheidend dazu bei, dass die Abteilung für Chemie der ETH im 20. Jahrhundert eine der wichtigsten schweizerischen Ausbildungsstätten für Industriechemiker wurde, wie Michael Bürgi in seiner Studie über die Pharmaforschung festhält. Dank der früh praktizierten Verbindung von theoretischer und praktischer Ausbildung und grosszügiger Laboreinrichtungen bildeten die ETH und die chemische Industrie in Basel, so Stephan Appenzeller im ETH-Bulletin vom September 2001, «ein stets erfolgreicheres Gespann».

ROBERT GNEHM PRIVAT VIII

Die Gnehms liebten
Natur und Berge: Sohn Walter
auf einer Tour, 1906.

Gutbürgerlich: Die Familie

«Die Glieder der Familie Gnehm haben ganz miteinander und füreinander gelebt, waren in engster Gemeinschaft miteinander verbunden», heisst es im Nachruf auf Robert Gnehms Tochter Marie. Selbst wenn die Formulierung allenfalls übertrieb, war die Familie für Gnehm offensichtlich zentral, und Schicksalsschläge wie der Tod der Frau und der frühe Tod des Sohnes schweissten die übrigen Familienmitglieder umso mehr zusammen. So stellte auch Gnehms Frau, für die damalige Zeit selbstverständlich, bei der Heirat ihre Ambitionen und Wünsche zurück. Marie Benz (1859–1917), die aus einer alteingesessenen, weitverzweigten und auch wohlhabenden Bauernfamilie in Niederschwerzenbach-Wallisellen stammte, und Robert Gnehm heirateten im September 1882 – unter reger Anteilnahme der gesamten Verwandtschaft, wie Briefen aus dieser Zeit zu entnehmen ist. Das Ehepaar hatte zwei Kinder, Marie (1883–1944) und Walter (1885–1919).

Mit der Heirat wurde Gnehm, zu dessen weiterer Verwandtschaft unter anderen die Schaffhauser Unternehmerfamilie Fischer (📖 **74, Vier Generationen Fischer**) und der Steiner Unternehmer Hermann Knecht gehörten, auch ein Schwager des in Schwerzenbach tätigen Pfarrers Gustav Gygi von Zürich. Sein Schwiegervater Hans Heinrich Benz liess sich 1876 in Zürich einbürgern und zog in den frühen 1880er-Jahren in die Stadt, in eine Villa an der Nordstrasse im Vorort Unterstrass. Marie Benz besuchte nach der Sekundarschule, für eine Bauerntochter nicht gerade üblich, mehrere Jahre das Schulz'sche Institut in Zürich. «Dort erhielt die gutbegabte und künstlerisch veranlagte junge Tochter eine treffliche Förderung ihres für alles Gute, Schöne und Edle empfänglichen Gemütes, wofür sie den Leiterinnen, Frau Dr. Schulz-Bodmer und Fräulein Bodmer, zeitlebens eine dankbare Erinnerung bewahrte», heisst es im Nekrolog auf Marie Gnehm-Benz. Kitty Bodmer (1811–1883), welche die Privatschule mit ihrer Schwester betrieb, war eine Tochter des Ingenieurs und Erfinders Johann Georg Bodmer (1786–1864) und die Schwägerin des Industriellen Friedrich Reishauer (1813–1862). Sie heiratete 1847 den deutschen politischen Publizisten Wilhelm Friedrich Schulz-Bodmer (1797–1860), der Ende 1834 aus der Festung Babenhausen über Strassburg nach Zürich floh, dort als Privatgelehrter an der Universität Vorlesungen hielt, unter anderen mit Georg Büchner und Gottfried Keller verkehrte und am Sonderbundskrieg teilnahm. Bei Ausbruch der Märzrevolution 1848 nach Deutschland zurückgekehrt, floh er nach dem Sieg der Gegenrevolution erneut in die Schweiz. Mit ihrer Privatschule, die sie nach der Rückkehr gründete, sorgte Kitty Schulz-Bodmer für die wirtschaftliche Basis der Familie.

Die nächste Station von Marie Gnehm war ein Institut im Kanton Neuenburg. Sie erhielt zudem eine Gesangsausbildung und liebäugelte mit der Laufbahn als Berufssängerin. «Rücksichten auf elterliche Wünsche und andere Aus-

OPFER DER GRIPPE

Die Spanische Grippe, welcher Walter Gnehm am 19. März 1919 erlag, erfasste in der Schweiz in zwei Wellen rund 2 Millionen Menschen und forderte zwischen Juli 1918 und Juni 1919 24 449 Todesopfer. Die Lage wurde dadurch verschärft, dass der Seuchenausbruch in die Schlussphase des Ersten Weltkriegs und der weitere Verlauf in die Zeit von Generalstreik und Truppenaufgebot fiel. Die katastrophalen Unterkunfts- und Verpflegungsverhältnisse, welche die Situation zusätzlich verschlimmerten, trugen der Armee harte Kritik ein.

Robert Gnehms Sohn, Walter Gnehm, starb bereits im Alter von 34 Jahren.

sichten, die ihr die nächste Zukunft eröffnete, bestimmten sie zum Verzicht auf die Ausführung des Planes», ist dem Nachruf zu entnehmen. Wenn sie später sang, war sie in der Lage, sich selbst am Klavier zu begleiten. Die ersten Ehejahre in Basel waren nicht ganz ungetrübt: «Kinderkrankheiten jeder Art traten in den gefährlichsten Formen und zum Teil mit bedenklichen Folgeerscheinungen auf. Wochen und Monate verbrachte sie in unerschütterlicher Pflichttreue am Krankenbett.»

Marie Gnehm-Benz starb 1917 im Alter von nur 57 Jahren. Nicht einmal zwei Jahre später verlor Gnehm am 19. März 1919 auch seinen Sohn Walter. Dieser war, wie die Mutter, «musikalisch aussergewöhnlich veranlagt», studierte aber Jurisprudenz. Nach Aufenthalten in Paris und London erwog er zuerst den Eintritt in den diplomatischen Dienst, entschied sich jedoch anders. Um sich, im Hinblick auf eine Tätigkeit in der Verwaltung, praktische Kenntnisse im Gerichtswesen anzueignen, trat er eine Stelle als Auditor am Bezirksgericht Zürich an und arbeitete dort bis zu seinem frühen Tod. «Die Lebensskizze hat uns in einen ökonomisch sorgenfreien, durch Wissenschaft, Kunst und familiäre Harmonie verklärten Haushalt hineinschauen lassen», erklärte der Neumünster-Pfarrer Gottfried Schönholzer an der Abdankung.

Kein Freund der Repräsentation

Obwohl Robert Gnehm während Jahrzehnten wichtige Stellungen bekleidete, war er kein Freund von öffentlichen Auftritten: «Er vermied, wo immer es anging, persönlich zu repräsentieren.» Seine Ansprachen waren «ohne glänzende Rhetorik, aber gediegen nach Form und Inhalt». Dieser Wesenszug unterschied ihn von seinem Nachfolger Arthur Rohn, wie Gottfried Guggenbühl, unter Hinweis auf dessen stattliche, vornehme Erscheinung, feststellt: «Demgemäss vermochte er denn auch im Gegensatz zu seinem Vorgänger Gnehm, der die Öffentlichkeit in allzu grosser Bescheidenheit möglichst zu meiden pflegte, die ihm anvertraute Hochschule eindrucksvoll zu ‹repräsentieren› und ihr in vermehrtem Masse die Beachtung zu verschaffen, die ihr im geistigen Leben des Landes gebührte.» Zu diesem Bild von Gnehm passt auch, dass sich in seinem Nachlass verschiedene Reden finden, die er vorbereitet, aber nicht gehalten hat.

In der Basler Gesellschaft war Gnehm schnell und gut integriert. Dies galt offensichtlich auch für seine Frau, die sich später von der Stadt am Rheinknie «nur ungern trennte». Gnehm war in Basel nicht gerade ein Wandervogel, aber das Ehepaar ist doch verschiedentlich umgezogen. Nachdem er gemäss Adressbuch zunächst an der Sperrstrasse 89 in Kleinbasel gewohnt hatte, gründeten die Gnehms ihren gemeinsamen Hausstand 1882 an der Rheinschanze 12 im St. Johann-Quartier, einer recht feinen Wohnlage. Möbel für ihr neues Zuhause

a | Robert Gnehms Ehefrau Marie Gnehm-Benz.
b | Blick ins Innere des «Eidmattbühl»: Wohnzimmer im Hochparterre, um 1930.
c | Die Villa «Eidmattbühl».

liess Gnehm von der Möbelfabrik C. Schöttle in Stuttgart kommen: Waschschrank, Betten, Nachttische, Kissen, Divan mit Rollen, Querspiegel, Servierbrett mit Bock. Ob dies aus finanziellen Überlegungen geschah oder etwas mit der in der Nähe von Stuttgart lebenden Verwandtschaft zu tun hatte, ist offen. 1886, zurück in Kleinbasel, lautete die Adresse Sperrstr. 100, und gleich nebenan, in der Nummer 102, wohnte sein Freund Alfred Kern, dem das Haus gehörte. 1887 bis 1894 waren Gnehms in einem Doppelhaus an der Ecke Klybeckstrasse/Florastrasse eingemietet, bis 1891 an der Klybeckstrasse 7, anschliessend bis zum Wegzug nach Zürich 1894 um die Ecke an der Florastrasse 2. Hausbesitzer war Baumeister Gregor Stächelin-Allgeier.

Neben seinem Engagement im Bildungswesen nahm Gnehm in Basel auch öffentlichere Aufgaben wahr. Obwohl er 1884 die Kommission der Versammlung freisinniger Wähler des äusseren Bläsi-Quartiers darum ersuchte, ihn nicht auf die Grossratsliste zu setzen, liess er sich dann doch aufstellen und wählen. Im Grossen Rat sass – von 1881 bis 1899 – auch sein Ciba-Direktorenkollege Robert Bindschedler. Dieser vertrat im Parlament ebenfalls die Freisinnigen. Diese waren die Partei der Neuankömmlinge, während sich die Konservativen (ab 1905 Liberale Partei) auf das alteingesessene Basler Bürgertum stützten. Noch vor dem Ersten Weltkrieg zogen sich die Chemieindustriellen aus der direkten politischen Tätigkeit zurück. Gnehm blieb im Basler Parlament bis zu seiner Berufung an die ETH. Nach seiner Übersiedelung nach Zürich fehlte ihm für derartige Tätigkeiten wohl auch die Zeit. Hingegen engagierte er sich für ein Anliegen, das eng mit seiner Tätigkeit an der ETH verbunden war: Für die Witwen- und Waisenkasse der Professoren, die er von Beginn an förderte. Eine von ihm verfasste 60-seitige Broschüre über deren Geschichte erschien, nachgeführt von Walter Bachmann, 1930, herausgegeben von seiner Tochter Marie Gnehm. In den frühen 1920er-Jahren wehrte sich Gnehm vehement gegen die Verschmelzung mit der eidgenössischen Versicherungskasse, weil dies für die Professoren, die gegenüber den übrigen Versicherten des Bundes privilegiert waren, eine Verschlechterung gebracht hätte.

In Zürich wohnten die Gnehms ab Ende 1894 in einer kurz zuvor (1892/93) erbauten Villa an der Eidmattstrasse 26/Ecke Neptunstrasse, nicht ganz oben am Zürichberg, aber doch standesgemäss in gutbürgerlicher Gegend mit entsprechender Nachbarschaft. Die Villa, ursprünglich für den Kaufmann Johann Heinrich Hotz erstellt, nach dem Tod von Marie Gnehm vom Architekten J. Zamboni gekauft und 1946 abgerissen, enthielt in den drei Obergeschossen zwölf Wohn- und Schlafräume sowie zwei Kammern. «Als neuste Errungenschaft im Bereich des persönlichen Komforts dürfen die beiden Badezimmer gelten», schreibt Peter Bretscher im Führer des Museums Lindwurm, und er weist weiter auf die zunehmende Ausgliederung des Arbeitsbereichs aus der Wohnsphäre hin:

Küche, Waschküche sowie ein Raum für das Dienstpersonal befanden sich im Untergeschoss, der Wäschetrockenraum war auf dem Dachboden untergebracht. Robert Gnehm liess elektrisches Licht, einen Boiler und eine Zentralheizung installieren. Ein Lift führte vom Keller bis zum Dachgeschoss. Zeitweilig waren im «Eidmattbühl» bis zu fünf Hausangestellte tätig. Mit dem Familienwappen in zahlreichen Varianten und antikem Mobiliar aus der Vaterstadt wurde die Steiner Herkunft betont. «Geschichtlichkeit als Wohnstil», bemerkt Bretscher. Sowohl Robert Gnehm als auch seine Tochter Marie blieben Stein am Rhein, wo sie weiterhin Gnehms Geburtshaus «Lindwurm» besassen, zeitlebens verbunden.

Freunde und Freizeit

Über das private gesellschaftliche Umfeld von Robert Gnehm ist wenig bekannt. Kontakte dürfte er vor allem mit Personen aus seinem beruflichen Beziehungsnetz gepflegt haben. Zu diesem gehörten neben Professoren auch Politiker und einflussreiche Industrielle wie der Genfer Gustave Naville (1848–1929) (📖 **11, Gustave Naville**), mit dem Gnehm während insgesamt 25 Jahren gemeinsam im Schulrat sass, und der ab 1898 als Vizepräsident wirkte. Naville, in leitender Stellung bei Escher Wyss tätig, sei «ein massgebendes Bindeglied zwischen der schweizerischen Industrie, den grossen schweizerischen technischen Verbänden und der Eidg. Technischen Hochschule gewesen», heisst es im Nachruf, der in der «Schweizerischen Bauzeitung» erschien. Stets ein «lebhaftes Interesse an der ETH» bekundete auch Peter Emil Huber-Werdmüller (1836–1915) (📖 **7, Peter Emil Huber-Werdmüller**), Gründer der Maschinenfabrik Oerlikon (MFO) und wie Naville Mitgründer der Alusuisse sowie führendes Mitglied bei den Verbänden der Maschinen- und Metallindustrie. Huber war darüber hinaus Mitgründer der 1869 gegründeten GEP (Gesellschaft ehemaliger Polytechniker) und in den 1890er-Jahren Initiant eines schweizerischen Maschinenmuseums. Als dieser Plan scheiterte, sorgte er dafür, dass eine Anzahl von Ausstellungsgegenständen ins Deutsche Museum nach München kam. Huber war ein Schwager von Gnehms Vorgänger Hermann Bleuler und musste rettend eingreifen, als Bleuler unter nicht ganz geklärten Umständen um die Jahrhundertwende sein riesiges Vermögen weitgehend verloren hatte. Als Hermann Bleuler 1912 starb, nahm an der schlichten Trauerfeier im Haus der Familie an der Freiestrasse neben den Angehörigen, nächsten Freunden, Oberstkorpskommandant Ulrich Wille und weiteren hohen Militärs sowie den Professoren Schröter und Arnold Heim auch Gnehm teil. Dies lässt doch auf eine gewisse Nähe schliessen, wenngleich Bleuler und Gnehm sehr unterschiedliche Typen waren. Von einem Netzwerk dieser Kreise war Gnehm indes ausgeschlossen: Naville, Huber und Bleuler waren Oberste, wohingegen Gnehm keinen Militärdienst geleistet hatte.

Zu den Freunden Gnehms darf man, wie auch aus Briefen der Tochter Marie zu schliessen ist, die Chemiker Richard Willstätter und Arthur Stoll zählen. In ihrem Testament hatte Marie Gnehm festgelegt, dass Willstätter, Stoll und Professor Georg Wiegner (1883–1936), wie Willstätter ein Deutscher, zusammen mit dem Vorsteher des Departements des Innern, dem Schulratspräsidenten und dem ETH-Rektor die Zweckbestimmung der Robert-Gnehm-Stiftung an der ETH festlegen sollten. Weil Willstätter und Wiegner, Professor für Agrikulturchemie an der ETH, bereits verstorben waren, bestimmten die drei Amtsträger zusammen mit Stoll, dass die Stiftung der «Förderung und Unterstützung der wissenschaftlichen Forschung, des Unterrichtes und des akademischen Nachwuchses an der Eidgenössischen Technischen Hochschule» dienen sollte, «und zwar in der Regel auf den Gebieten der physikalischen, anorganischen, organischen, analytischen und biologischen Chemie». Im Mai 1932 schrieb Stoll nach einem Besuch bei Willstätter an Marie Gnehm, er habe wiederum sehen können, mit welcher Anhänglichkeit Willstätter «stets seines verstorbenen Freundes [Gnehm] und seiner verehrten Tochter gedenkt». In ihrer Antwort bedauerte Marie Gnehm, «dass man Herrn Willstätter so selten in der Schweiz zu sehen bekommt», und sie liess Stoll wissen, dass sie sich über einen Besuch freuen würde.

Einen guten Kontakt hatte Gnehm auch zu Chemieprofessor Viktor Meyer (1848–1897), mit dem er zumindest in den 1880er-Jahren einen regen Briefwechsel pflegte. Der ungefähr gleichaltrige Berliner Meyer, der als Sohn des Besitzers einer Kattunfärberei und -druckerei schon familiär über eine Beziehung zur Farbenindustrie verfügte, war laut dem «Historischen Lexikon der Schweiz» «einer der einflussreichsten organischen Chemiker der 2. Hälfte des 19. Jahrhunderts». Er arbeitete an der Berliner Gewerbeakademie beim späteren Nobelpreisträger Adolf Baeyer (1835–1917), wurde Professor in Stuttgart und 1872 – erst 24-jährig – an die ETH berufen, wo er Johannes Wislicenus ersetzte und die Grundlagenforschung in Chemie entscheidend prägte. 1885 wechselte er nach Göttingen und 1889 nach Heidelberg, wo er 1897, von «fortdauernden Schmerzen» geplagt, freiwillig aus dem Leben schied. Die Schilderung der Zürcher Zeit nimmt in der Biografie Meyers, gestützt vor allem auf seine Briefe, einen breiten Raum ein.

Erholung suchte Gnehm, der schon früh mit gesundheitlichen Problemen zu kämpfen hatte, in der Natur auf dem Zürichberg und im Engadin. Seine Ferien verbrachte er regelmässig mit der Familie in St. Moritz, «wo ihn die reine Luft, die kräftigen Bäder, die weiten Spaziergänge körperliche Erholung und geistige Erfrischung finden liessen», wie Mathematikprofessor Carl Friedrich Geiser in seinen Erinnerungen an Gnehm schreibt. Fotos zeigen Gnehm zum Beispiel vor einem Wasserfall, bei einer Rast in der Nähe von Silvaplana, vor dem Kursaal Maloja, beim Wandern im Rosegtal, vor dem Berninahospiz oder beim

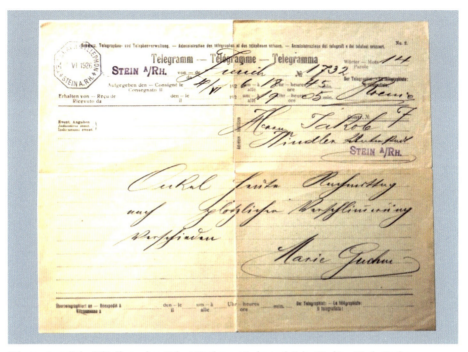

Telegramm mit der Mitteilung, dass Robert Gnehm gestorben sei. Seine Tochter, Marie Gnehm, schickte es an Jakob Windler, ihren Cousin.

Bewundern eines Ballonaufstiegs in St. Moritz. Fotograf war meist sein Sohn Walter Gnehm.

Lungenentzündung mit tödlichen Folgen

1926 starb Robert Gnehm. Ein gegen Ende 1925 aufgetretener Bronchialkatarrh, der sich zur Lungenentzündung auswuchs, führte nach Monaten des Krankenlagers zum Tod. Sein Verhalten in dieser Situation zeigt ein letztes Mal Gnehms äusserst rationale Lebenseinstellung. «Wenn ich gehe, so komme ich nicht wieder», sagte er zu Arthur Rohn (1878–1956), «und tatsächlich verliess er unsere Hochschule Mitte Dezember, um sich auf sein Krankenzimmer zu begeben, das er seit fünfeinhalb Monaten bis zur Erlösung nicht mehr verlassen konnte». Niemand konnte ihn besuchen. In der Schulratssitzung von Ende April 1926 gab Rohn, inzwischen sein Nachfolger, «Kenntnis von einem Schreiben des Herrn Präsident Gnehm, in dem dieser von seinen Kollegen Abschied nimmt». Die Auswertung des Nachlasses ergibt das Bild eines akribischen Schaffers. Peter Bretscher schreibt in seiner Publikation über das Museum Lindwurm: «Gnehm war ein Vertreter sowohl des Bildungsbürgertums als auch wohlhabender unternehmerischer Kreise. Damit repräsentierte er eine Gesellschaftsschicht, die in jener Zeit für aufstiegsorientierte Bevölkerungsgruppen Vorbildcharakter hatte.»

IX
DAS ERBE: VON DEN SANDOZ-AKTIEN ZUR WINDLER-STIFTUNG

Marie Gnehm hütete
das Erbe ihres Vaters.

Marie Gnehm: Familienpflichten statt Arztberuf

Der Tochter Marie Gnehm standen zwar mehr Wege offen als ihrer Mutter, die ihre Träume noch traditionellen Rollenmustern geopfert hatte. Nach dem Besuch der Töchterschule absolvierte sie ein Medizinstudium, das sie mit dem Doktorat abschloss. Als Ärztin tätig war sie allerdings nie, «teils aus Rücksicht auf ihre eigene Gesundheit, teils aber, um ihre Pflicht ihrem Vater gegenüber ganz erfüllen zu können». Marie Gnehm habe nach dem Tod ihrer Mutter 1917 dem Vater die Gattin ersetzt, und das «in einer solch intensiven Lebensgemeinschaft, wie sie zwischen Vater und Tochter, Tochter und Vater sehr selten ist», heisst es in ihrem Nachruf. Zuvor hatte sie bereits ihre Mutter gepflegt und sich um die Familie gekümmert.

Nach Robert Gnehms Tod wurde ihr St. Moritz, wo sie oft mit ihrem Vater die Sommerferien verbracht hatte, zur zweiten Heimat. Sie verwaltete das Erbe und war karitativ tätig. «Als eine grosse Wohltäterin», so der Nachruf, «hat sie gewirkt an Menschen der verschiedensten Art, die immer ihren Weg kreuzen mochten, an Künstlern, an Bedürftigen, an Menschen, die auf der Schattenseite des Lebens dahingingen.» Zudem setzte sich Marie Gnehm stark ein für die Klinik Balgrist, für das Orthopädische Institut Dr. Hallauer, dem sie als Stiftungsratsmitglied der Wilhelm Schulthess-Stiftung diente, und für die Kleinkinderschule Aussersihl. Ihre Hobbies waren – für eine Frau damals eher aussergewöhnlich – Bergwandern und Skisport. Zu ihrem Erbe gehörte auch der «Lindwurm» in Stein am Rhein.

Am 13. September 1944 wurde Marie Gnehm auf dem Weg zur Bovalhütte im Morteratschgebiet, beim sogenannten Kamin, Opfer eines Steinschlags. Als man die Patientin bereits auf dem Weg zur Besserung glaubte, erlag sie einer Embolie. Das waisenamtliche Inventar ergab einen Nachlass von 11.6 Mio. Franken. Neben verschiedenen, teilweise uralten Schuldbriefen, Immobilien und zahlreichen Wertpapieren anderer Firmen – von der Kreditanstalt und dem Bankverein über Nestlé und Saurer bis zum Nonvaleur der AG der Moskauer Textilmanufaktur mit Sitz in Glarus und zur I.G. Farbenindustrie AG – gehörten zur Erbschaft auch 1000 Aktien der Sandoz, was beim Kurs von 7800 Franken 7.8 Mio. entsprach. Davon wurden schon vor der Erbteilung 450 Aktien verkauft. Robert Gnehm hatte 1917 10% des Sandoz-Aktienkapitals besessen, was 300 000 Franken entsprach, wenn man den Nominalwert nimmt. 1911 versteuerte Gnehm in Zürich ein Einkommen von 10 300 Franken und ein Vermögen von 500 000 Franken. Gnehm, bereits von Hause aus wohlhabend, war dank seiner Tätigkeit in der Chemie zu Reichtum gelangt. Den grossen Sprung machte das Familienvermögen aber erst danach, versteuerte Tochter Marie 1929 doch ein Einkommen von 323 200 und ein Vermögen von 8 427 500 Franken. Zu dieser Zeit verdienten Dienstboten jährlich zwischen 1000 und 2000 Franken, ein Chauffeur ist im Steuerregister mit 3000, ein Schlosser mit 3600, ein Briefträger mit 4800 und ein Handelslehrer mit 7200 Franken Einkommen verzeichnet. Vor der Teilung gingen vom Erbe eine lange Reihe von Legaten im Gesamtbetrag von 3.2 Mio. Franken ab. Bedacht hatte Marie Gnehm unter anderem die ETH (1.5 Mio.), die Gemeinde Stein am Rhein (Robert-Gnehm-Stiftung, 1 Mio.), die Pensions-Stiftung für die Arbeiter und Angestellten der Sandoz (100 000 Franken), das Altersheim Neumünster, die Kranken- und Diakonissenanstalt Neumünster, die Pensionskasse des Tonhalleorchesters und die Schwesternkasse des Schwesternhauses vom Roten Kreuz (je 20 000 Franken), sechs Patenkinder mit je 50 000 Franken, die langjährige Hausangestellte Seline Kratt, die im «Eidmattbühl» wohnte, mit 100 000 Franken und weitere Bedienstete mit ebenfalls namhaften Beträgen. Testamentsvollstrecker war der bekannte Zürcher Rechtsanwalt Albert Guhl (1881–1956). Wie eng die Bande in der Familie Gnehm waren, wird auch daraus ersichtlich, dass sich nach Marie Gnehms Tod unter ihrer Fahrhabe immer noch ein «Schlafzimmer von Herrn Walter Gnehm sel.», also ihres 1919 verstorbenen Bruders, befand.

Die Erben

Weil keine Kinder da waren, ging das Erbe zu gleichen Teilen an die Nachkommen der Onkel und Tanten von Marie Gnehm. Die Familienstämme Jakob Gnehm, Hofacker-Gnehm und Windler-Gnehm – also die Nachkommen von Robert Gnehms Geschwistern – erhielten ebenso je ein Sechstel der Gesamtsumme wie die Benz-Stämme Hegi-Benz, Stauffacher-Benz und Bucher-Benz. Auch die 550 Sandoz-Aktien, die nach einem Teilverkauf noch im Erbe verblieben waren, wurden unter diese sechs Zweige aufgeteilt. In einer Vereinbarung vom 17. April 1945 betrachteten es die Erben des Gnehm-Stammes «als ihre Pflicht, den ererbten Besitz an Sandoz-Aktien zu wahren und der Verzettelung nach Möglichkeit vorzubeugen. Sie glauben, damit auch einem Wunsch der Verstorbenen nachzukommen und zugleich das Andenken an sie und an Herrn Prof. Dr. Gnehm als einer der Gründer und langjährigen Präsidenten der Aktiengesellschaft zu ehren». Dieser Teil der Erben räumte sich gegenseitig ein Vorkaufsrecht ein, die Führung der Gruppe lag klar bei Hans Gnehm-Graf (1882–1960). Er hatte nach der Kantonsschule in Schaffhausen eine kaufmännische Ausbildung genossen, wurde Direktor und Delegierter des Verwaltungsrats der Eisengrosshandelsfirma Carl Spaeter AG in Basel und Oberst der Artillerie. Die Firma Spaeter wurde 1901 als Basler Zweigniederlassung eines Mannheimer Unternehmens gegründet. 2014 beschäftigte die Spaeter-Gruppe als «einer der führenden Zulieferer und Servicepartner für die Schweizer Bau-, Baunebenbranche und Industrie» rund 800 Mitarbeiterinnen und Mitarbeiter, und sie war Sponsor des Skispringers

STADTRAT: MÜNDELSICHER ODER BAR

«Trotz der unbestrittenen Bonität obiger Aktien halten wir die Anlage des Vermächtnisses von Fräulein Dr. med. M. Gnehm von Fr. 1 000 000.– zu Gunsten der Stadt Stein in nur einem Titel und dazu noch in einer Aktie nicht für empfehlenswert. Wir glauben im Sinne einer Risikoverteilung, dass vielleicht die Hälfte des Legates in Sandoz-Aktien bezogen werden sollte und der Rest in bar, zwecks Anlage in erstklassigen Obligationen oder teilweise vielleicht auch in einer oder mehreren Liegenschaften, sofern solche günstig erworben werden könnten», schrieb die Schaffhauser Kantonalbank am 24. November 1944 in beratender Funktion an die Stadtratskanzlei Stein am Rhein. Es ging um den Bezug bzw. die Anlage der einen Million, die Marie Gnehm als Stiftungskapital der Robert-Gnehm-Stiftung der Gemeinde Stein am Rhein vermacht hatte. Schliesslich wollte der Stadtrat gar keine Sandoz-Aktien. Gewünscht wurde «die Zuteilung mündelsicherer schweizerischer Wertschriften, event. Hypotheken und soweit diese nicht ausreichen sollten, in bar.» Die Entwicklung der Sandoz-Aktien von 1944 bis heute zeigt, dass der Stadtrat mit den Aktien sehr gut gefahren wäre.

Sandoz-Reklame aus den 1920er-Jahren.

Simon Ammann. Hans Gnehm war es auch, der für den Lebensunterhalt seines Bruders Gustav oder Gustl Gnehm (1888–1964) sorgen musste, der laut Peter Bretscher «durch ein Leben ausserhalb der bürgerlichen Normen Anlass zu zahlreichen ‹Familienskandalen› bot» und bevormundet war. Im Alter war Gustl Gnehm journalistisch für die Lokalzeitung «Steiner Anzeiger» tätig. Hans Gnehm war ein Freund des Steiner Arztes Walther Böhni und Scaphusianer (Mittelschulverbindung). Er und seine Frau Emma, geborene Graf, schenkten 1955 den «Hopfengarten», welcher seiner Zeit der Gnehm'schen Brauerei gedient hatte, der Gemeinde Stein am Rhein. Das Geschenk war verbunden mit der Bestimmung, auf diesem Land eine Bildungsstätte für die Steiner Jugend zu errichten. Entstanden ist das Schulhaus im Hopfengarten.

Geschwister Windler: Sparsam auch im Reichtum

Zu den Erben gehörten auch Jakob und Emma Windler, die je ein Zwölftel oder 748 000 Franken erhielten. Sie waren ein Cousin und eine Cousine von Marie Gnehm. Ihr Vater Jakob Windler (1838–1919), Kornhändler im «Scharfegg» in Stein am Rhein, hatte 1884 in zweiter Ehe Robert Gnehms Schwester Emma (1853–1929) geheiratet. Jakob Windler jun. (1885–1975) genoss eine kaufmännische Ausbildung und war bei verschiedenen Banken in der Schweiz und im Ausland (Mailand) tätig. Er vertrieb Sport- und Büroartikel und arbeitete schliesslich als kaufmännischer Angestellter bei der renommierten Schuhfabrik Henke in Stein am Rhein. Nebenbei handelte er mit Briefmarken. Seine Schwester Emma Windler (1891–1988) bekam ebenfalls eine standesgemässe Erziehung, unter anderem im Mädchenpensionat «Montmirail» bei Neuenburg. Neben der Vermittlung von hauswirtschaftlichen Kenntnissen und musischen Fähigkeiten wurde dort besonders die religiöse Erziehung gefördert. Emma Windler betreute, ähnlich wie ihre Cousine Marie Gnehm, ihre Eltern und führte nach deren Tod den geschwisterlichen Haushalt.

In den 1930er-Jahren waren die Geschwister Windler, die in ihrem Elternhaus wohnten, noch knapp bei Kasse. Als sie von den Kindern ihrer verstorbenen – viel älteren – Halbschwester wegen rückständiger Zinszahlungen bedrängt wurden, schrieb Jakob Windler dem Mann seiner Nichte Anna, Heinrich Baumann, am 1. Oktober 1936: «Ich bedaure meinerseits sehr, und Emmeli teilt sich darin, dass wir mit dem Zins im Rückstand sind, aber Du kannst versichert sein, dass ich mich nach Kräften wehre und wir so sparsam als möglich leben, um nach und nach die Sache ordnen zu können. Anno 1934 war ich vom 12. April bis Ende Dezember ja bei Dietiker & Co. zur Aushilfe […] Ich erhielt damals Fr. 300.– pro Monat bei voller Beschäftigung, von morgens 7½ Uhr bis abends ca. 6½/7 Uhr mit der übl. Mittagspause von 2 Stunden. Dass wir mit Fr. 300.–

a

b

c

a | Verena Gnehm und ihr Enkelkind Emma Windler.
b | Die Geschwister Windler unterwegs.
c | Emma Windler, mit ihrem Bruder Jakob, am Klavier.

STAMMBAUM
ROBERT GNEHM UND ERBEN

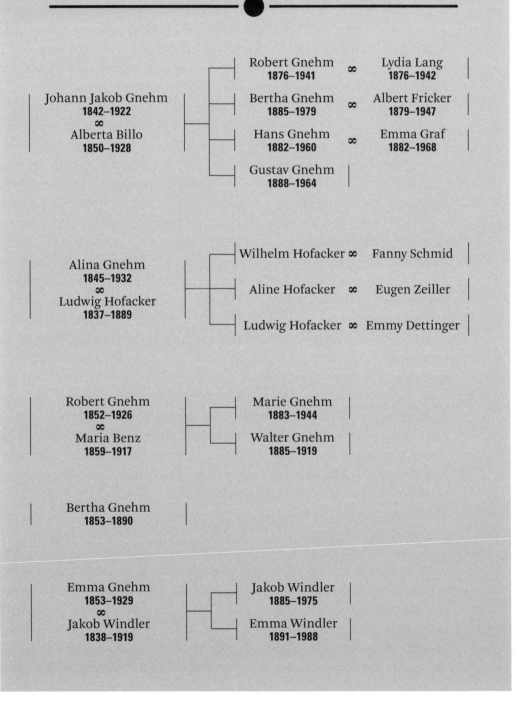

keine grossen Sprünge machen konnten, wirst Du wohl begreifen, zumal ich noch jeden Monat Fr. 100.– zu zahlen hatte wegen der oben schon zitierten Verbindlichkeiten.» Zehn Jahre später waren die Windlers zusammen Millionäre, wobei sie weiterhin äusserst sparsam lebten. Damit unterschieden sie sich von ihrer Cousine Marie Gnehm, die in Zürich einen durchaus grossbürgerlichen Lebensstil und einen entsprechenden Umgang gepflegt hatte. In deren Hinterlassenschaft fanden sich sehr viel Schmuck und zahlreiche Kunstgegenstände, über 2000 Flaschen Wein sowie Rechnungen des Savoy-Hotel Baur en Ville, der Conditorei Sprüngli und eines Ateliers für «Hutauffrischung». Neben den Sandoz-Aktien erbten die Windlers auch den «Lindwurm» an der Hauptstrasse in Stein am Rhein, samt dem dazugehörigen Rebberg «Huberli». Fortan lebten sie hier. Nachdem das Legat an die Gottfried-Keller-Stiftung vom Bundesrat abgelehnt worden war, gingen auch diese Güter an die Jakob und Emma Windler-Stiftung. Nach dem Tode der Windlers wurde im «Lindwurm», finanziert durch die Windler-Stiftung und realisiert von Peter Bretscher, ein Museum für «Bürgerliche Wohnkultur und Landwirtschaft im 19. Jahrhundert» eingerichtet. Erster Präsident der Gesellschaft Museum Lindwurm wurde Hanspeter Böhni, Sohn des erwähnten Walter Böhni, ebenfalls Arzt und während 25 Jahren Hausarzt der Windlers.

Jakob und Emma Windler erhielten bei der Teilung 105 Sandoz-Aktien. Das bescherte ihnen für 1944 22 050 Franken an Dividende und Bonus. Weil sich die Geschwister in der Folge im Rahmen ihrer Möglichkeiten an den (zahlreichen) Kapitalerhöhungen des Unternehmens beteiligten, stieg ihr Aktienbesitz kontinuierlich an. Jakob Windler hinterliess bei seinem Tod 1975 3034 Aktien der Sandoz à 250 Franken, die beim damaligen Kurs von 1600 Franken 4.85 Millionen Franken wert waren. Der Besitz von Emma Windler, die ihren Bruder beerbte, betrug nun 5810 Sandoz-Aktien. Dies entsprach etwa 0.75 Prozent des Aktienkapitals des Chemiekonzerns. Die Sandoz wuchs in der Hochkonjunktur massiv, und ihre Aktien warfen immer gute Erträge ab. Die grosse Wertsteigerung der Aktien – zunächst von Sandoz, dann von Novartis – erfolgte aber erst nach dem Tod von Emma Windler im Jahre 1988.

Die Windler-Stiftung

Die Gründung der Jakob und Emma Windler-Stiftung, in welche das Erbe der Geschwister nach deren Tod eingebracht wurde, erfolgte bereits 1972. Ihr Vermögen, dessen Zinsen für Finanzbeiträge zur Verfügung stehen, besteht weitgehend aus Novartis-Aktien, und sie gehört zu den sehr gut dotierten Stiftungen der Schweiz. Die Zweckbestimmung der Stiftung ist wie folgt formuliert: «Leistung von Beihilfen an Bürger oder Einwohner schweizerischer Nationalität von Stein am Rhein; Leistung von Beiträgen an Massnahmen zur Erhaltung und Verschö-

Die Burg Hohenklingen konnte dank der Windler-Stiftung umfassend renoviert werden.

nerung des Ortsbildes von Stein am Rhein und der städtischen Museen; Ausrichtung von Stipendien oder sonstigen Beiträgen zur Ausbildung und Erziehung von Lehrlingen, Mittelschülern, Studenten und Wissenschaftlern schweizerischer Nationalität; Ausrichtung von Zuwendungen an gemeinnützige, wohltätige und kulturelle Vereine, Institutionen und Organisationen im Kanton Schaffhausen, insbesondere in Stein am Rhein.»

Es ist beträchtlich, was die letztlich auf Robert Gnehm zurückgehende Windler-Stiftung in Stein am Rhein bisher finanziert hat: Die Sanierung des Bürgerasyls, die Sanierung der Burg Hohenklingen, einen Teil der 2007 erschienenen Stadtgeschichte, die Neupflasterung der Altstadtplätze und -strassen, die Künstlerwohnung (samt Atelier) im «Chretzeturm», die alle drei Monate einen neuen Gast beherbergt, und in jüngster Zeit den Kauf des Kulturhauses «Zur Rose» (Obere Stube) und der Liliputbahn, einer Touristenattraktion. Zwei weitere Stiftungen, die beide den Namen von Robert Gnehm tragen, bestehen in Stein am Rhein und an der ETH in Zürich. Während die Robert-Gnehm-Stiftung an seinem Geburtsort vor allem soziale Aufgaben übernimmt, unterstützt diejenige an der ETH die wissenschaftliche Forschung. Zudem gibt es an der ETH den Robert Gnehm-Fonds, der ebenfalls auf einem Vermächtnis von Marie Gnehm basiert und der Unterstützung von Angehörigen verstorbener Professoren sowie dem Aufbau und Betrieb von Kinderbetreuungsdiensten an der ETH dient.

ROBERT GNEHM ALS PIONIER

X

Robert Gnehm hat sowohl
die chemische Industrie
als auch die Entwicklung
der ETH stark geprägt.

War Robert Gnehm ein Pionier? Er war aktiv in den Pionierzeiten der modernen Chemie, sowohl an der noch jungen ETH als auch in der deutschen und schweizerischen Teerfarbenindustrie, die damals in ihren Anfängen steckte. Gnehms Name wird zwar nicht in einem Zug mit den ganz grossen Chemikern seiner Zeit genannt, aber er machte wichtige Erfindungen und hat mit Ciba und Sandoz zwei spätere Grossunternehmen der Branche stark mitgeprägt. Ein Unternehmer wie seine anfänglichen Mitstreiter Robert Bindschedler und Alfred Kern war Gnehm nicht. Dafür war er wohl auch zu risikoscheu.

Seine frühe akademische Karriere, die er nach seiner Tätigkeit in der Industrie fortsetzte, ist beeindruckend, er war offenbar ein beliebter Lehrer und auch ein geschickter Förderer, und als Schulrat und Professor hat er zum stetigen Ausbau des Fachs Chemie an der ETH beigetragen. Herausragend aber war Gnehm vor allem in seiner Rolle als Vermittler und Brückenbauer zwischen Hochschule und Industrie. Entsprechende Kontakte pflegte er von Beginn an und auch noch als Schulratspräsident der ETH. Als solcher hat er, mit einem Sinn für die notwendigen Innovationen, die Modernisierung und den Ausbau der ETH entscheidend vorangetrieben. Dies kam insbesondere während des Ersten Weltkriegs und in einer Zeit persönlicher Schicksalsschläge – Verlust von Frau und Sohn – einer Herkulesaufgabe gleich. Mit deren Erfüllung hat Gnehm seinen Nachfolgern, die sich unvermindert mit Ausbauforderungen konfrontiert sahen, einen guten Boden gelegt.

Chronik

1852	Geburt von Robert Gnehm in Stein am Rhein
1869–1872	Vorkurs und Studium an der Eidgenössischen Technischen Hochschule (ETH)
1872–1876	Assistent und Dozent an der ETH, Verleihung des Professorentitels
1877	Eintritt als Chemiker in die Anilinfarbenfabrik Oehler in Offenbach
1878–1880	Kolorist bei der Batikdruckerei Blumer in Schwanden
1880	Wechsel zur Anilinfarbenfabrik Bindschedler & Busch in Basel
1882	Mitglied des Schulrates der ETH
1882	Verheiratung mit Marie Benz
1884	Umwandlung der Firma Bindschedler & Busch in die Gesellschaft für Chemische Industrie in Basel (Ciba)
1884–1894	Direktor bei Ciba, 1892–1894 auch Verwaltungsrat
1894	Professor für organische Chemie an der ETH, Ausscheiden aus dem Schulrat, Umzug von Basel nach Zürich
1894	Vertrag als konsultierender Chemiker bei Sandoz
1895	Mitbesitzer und Verwaltungsrat bei Sandoz, 1896–1900 Verwaltungsratspräsident
1899	Direktor (Rektor) der ETH
1905	Schulratspräsident der ETH, Rücktritt als Professor
1909	Erster Ehrendoktor der ETH
1917	Tod der Ehefrau
1919	Tod des Sohnes Walter Gnehm
1926	Rücktritt als Schulratspräsident
1926	Tod Robert Gnehm
1944	Tod der Tochter Marie Gnehm. Ihr Erbe geht zu einem Teil an ihren Cousin Jakob Windler und ihre Cousine Emma Windler.
1972	Gründung der Jakob und Emma Windler-Stiftung in Stein am Rhein

Bibliografie

Quellen (wichtigste Bestände)

Archiv ETH, Zürich

Nachlass Robert Gnehm

Schulratsprotokolle ETH

Firmenarchiv Novartis International AG, Basel

Bestand Bindschedler & Busch

Bestand Ciba

Bestand Sandoz

Bestand Basler Chemische Fabrik (BCF)

Schweizerisches Wirtschaftsarchiv, Basel

Firmendossiers

Verbandsdossiers

Personendossiers

Stadtarchiv Stein am Rhein

Nachlass Windler

Bestand Prof. Dr. Robert Gnehm-Stiftung

Steuerregister

Bürgerregister

Inventare

Stadtarchiv Winterthur

Bürgerregister

Akten Stadtrat

Stadtarchiv Zürich

Adressbücher

Bürgerregister

Steuerregister

Einbürgerungsakten

Staatsarchiv des Kantons Basel-Stadt, Basel

Ragionenbücher

Firmendossiers

Akten Strafgericht

Literatur

100 Jahre Schweizerische Gesellschaft für chemische Industrie. In: Swiss Chem Nr. 6, Zürich 1982, S. 7–30.

1855–1955. Festgabe der GEP zur Hundertjahrfeier der Eidgenössischen Technischen Hochschule in Zürich. Zürich 1955.

75 Jahre Sandoz. Basel 1961.

Abelshauser, Werner: *Die BASF. Eine Unternehmensgeschichte.* München 2002.

Adressverzeichnisse der Mitglieder der Gesellschaft ehemaliger Studierender der Eidg. polytechnischen Schule in Zürich. Zusammengestellt vom Vorstand der Gesellschaft. Zürich 1869 ff.

Altman, Janina: *Naturwissenschaftler vor und nach Hitlers Aufstieg zur Macht.* Aus dem Hebräischen von Inka Arroyo Antezana. 2013.

Appenzeller, Stephan: *Was Zürich mit Basel chemisch verbindet. Von Menschen und Molekülen.* In: Bulletin, Magazin der Eidgenössischen Technischen Hochschule Zürich, Nr. 282, September 2001, S. 10–13.

Bieler, Anton / Guyer August: *Die Abteilung für Chemie.* In: Eidgenössische Technische Hochschule (Hrg.): Eidgenössische Technische Hochschule 1855–1955. Zürich 1955, S. 443–469.

Bleuler-Moser, W.: *Erinnerungen an Oberst H. Bleuler-Huber, 1837–1912.* Zürich 1912.

Bretscher, Peter: *Museum Lindwurm, Stein am Rhein. Bürgerliche Wohnkultur und Landwirtschaft im 19. Jahrhundert.* Stein am Rhein 1994.

Bugge, Günther (Hrg.): *Das Buch der grossen Chemiker.* 2 Bde., unveränderter Nachdruck, Weinheim 1974.

Bürgi, Michael: *Pharmaforschung im 20. Jahrhundert. Arbeit an der Grenze zwischen Hochschule und Industrie.* (Interferenzen – Studien zur Kulturgeschichte der Technik, Bd. 17), Zürich 2011.

Bürgin, Alfred: *Geschichte des Geigy-Unternehmens von 1758 bis 1939. Ein Beitrag zur Basler Unternehmer- und Wirtschaftsgeschichte.* Veröffentlichung zum 200jährigen Bestehen des Geigy-Unternehmens. Basel 1958.

Busset, Thomas / Rosenbusch, Andreas / Simon, Christian (Hrg.): *Chemie in der Schweiz. Geschichte der Forschung und der Industrie.* Basel 1997.

De Mestral, Aymon: *Edouard Sandoz, 1853–1928. Deutsch von Hans Richard Müller.* In: Schweizer Pioniere der Wirtschaft und Technik Bd. 7, hrg. vom Verein für Wirtschaftshistorische Studien, Zürich 1957, S. 85–103.

De Mestral, Aymon: *Gustave Naville-Neher, 1848–1929.* In: Schweizer Pioniere der Wirtschaft und Technik, Bd. 11, Zürich 1960, S. 29–45.

Dettwiler, Walter: *Von Basel in die Welt. Die Entwicklung von Geigy, CIBA und Sandoz zu Novartis.* Zürich 2013.

Felix, Friedrich: *Die Forschung im Dienste der schweizerischen Farbenindustrie im Wandel der Zeit.* In: 1855–1955. Festgabe der GEP zur Hundertjahrfeier der Eidgenössischen Technischen Hochschule in Zürich. Zürich 1955, S. 157–174.

Festschrift zum 75jährigen Bestehen der Eidgenössischen Technischen Hochschule in Zürich. Zürich 1930.

Fichter, Friedrich: *Eröffnungsrede des Jahrespräsidenten der S.N.G. zur 121. Jahresversammlung in Basel.* In: Verhandlungen der Schweizerischen Naturforschenden Gesellschaft, Bd. 121, Basel 1941, S. 9–26.

Frei, Günther/Stammbach, Urs: *Die Mathematiker an den Zürcher Hochschulen.* Basel 1994.

Freuler, Hermann: *Der Strafprocess contra A. Busch. Berichterstattung an die Tit. Actionäre des Schweizerischen Lloyd, Transport-Versicherungs-Gesellschaft, in gerichtlicher Liquidation und derjenigen der Schweizerischen Lloyd-Rückversicherungs-Gesellschaft in Liquidation.* Schaffhausen 1884.

Fritz, Hans: *Industrielle Arzneimittelherstellung. Die pharmazeutische Industrie in Basel am Beispiel der Sandoz AG. Mit einem Geleitwort von Max Link.* (Heidelberger Schriften zur Pharmazie- und Naturwissenschaftsgeschichte, Bd. 10), Stuttgart 1992.

Gasser, Michael: *Ein bürgerlicher Haushalt um 1850: Das Haus «zum Lindwurm» in Stein am Rhein.* In: Schaffhauser Kantonsgeschichte des 19. und 20. Jahrhunderts, Bd. 3, Schaffhausen 2002, S. 1390–1397.

Gedenkschrift an das 50jährige Jubiläum der Schweiz. Gesellschaft für Chemische Industrie, 1882–1932. Zürich 1932.

Gnehm, Marie: *Über die gesetzlichen Schutzmassnahmen gegen die gewerbliche Bleivergiftung in den europäischen Ländern.* Diss. Universität Zürich 1912.

Gnehm, Robert: *Über Derivate des Diphenylamins.* Diss. Zürich 1875.

Gnehm, Robert: *Emil Kopp. Nekrolog.* In: Berichte der Deutschen chemischen Gesellschaft zu Berlin, 9. Jg., Juli-Dezember 1876, S. 1950–1961.

Gnehm, Robert: *Ansprache bei Eröffnung des Studienjahres 1903/1904 am eidgen. Polytechnikum in Zürich am 20. Oktober 1903.* Zürich 1903.

Gnehm, Robert: *Ansprache bei Eröffnung des Studienjahres 1904/1905 am eidgen. Polytechnikum in Zürich. 17. Oktober 1904.* Zürich 1904.

Gnehm, Robert: *Witwen- und Waisenkasse der Professoren der E.T.H. Mit einer Schilderung der weiteren Entwicklung von Walter Bachmann.* Zürich 1930.

Gnehm, Robert, 1852–1926. Erinnerungen an Professor Dr. phil. und techn. h. c. Robert Gnehm, Präsident des Schweizerischen Schulrates. Mit einem Verzeichnis der wissenschaftlichen Publikationen. Zürich 1926.

Gnehm, Robert: *Ansprache, gehalten am Bankett im Pavillon der Tonhalle, Sonntag den 8. Juli 1923, bei Anlass der XXXVII. Generalversammlung der Gesellschaft ehemaliger Studierender der Eidgenössischen Technischen Hochschule.* Zürich 1923.

Gnehm, Robert. In: Sandoz bulletin Nr. 22, 1986, S. 5–6.

Gugerli David/Kupper Patrick/Speich Daniel: *Die Zukunftsmaschine. Konjunkturen der ETH Zürich 1855–2005.* Zürich 2005.

Guggenbühl, Gottfried: *Geschichte der Eidgenössischen Technischen Hochschule in Zürich.* In: Eidgenössische Technische Hochschule 1855–1955, Zürich 1955, S. 1–257.

Guyer, August/Bieler, Anton: *Die Abteilung für Chemie.* In: Eidgenössische Technische Hochschule 1855–1955, Zürich 1955, S. 443–469.

Historisches Lexikon der Schweiz. 12 Bde., Basel 2002–2013.

Huber, Georg Leo/Menzi, Karl: *Herkunft und Gestalt der Industriellen Chemie in Basel.* Hrg. von der Ciba aus Anlass ihres 75jährigen Bestehens als Aktiengesellschaft. Olten und Lausanne 1959.

Jaquet, Nicolas: *Die Entwicklung und volkswirtschaftliche Bedeutung der schweizerischen Teerfarbenindustrie.* Basel 1923.

Jenny-Trümpy, Adolf: *Handel und Industrie des Kantons Glarus.* (Jahrbuch des Historischen Vereins des Kantons Glarus Heft 33/1899 und Heft 34/1902), Glarus 1899–1902.

Keller, Hans E.: *Ernst Karl Ferdinand Petersen. Aus den Anfängen der Schweizerischen Farbenindustrie.* In: Baselbieter Heimatbuch 9, Liestal 1962, S. 194–208.

Kilchenmann, Christoph: *Von der Imitation zur Innovation: Zur Rolle des Patentrechts für die Entwicklung der Basler Wirtschaft.* In: Schaltegger, Christoph A./Schaltegger, Stefan C. (Hrg.): Perspektiven der Wirtschaftspolitik. Festschrift zum 65. Geburtstag von Prof. Dr. René L. Frey. Zürich 2004, S. 343–360.

Kindlimann, Heinz: *150 Jahre Glarner Zeugdruck. Zum Jubiläum der Textildruckerei Blumer, Schwanden.* In: Heimatwerk, Blätter für Volkskunst und Handwerk, 2/1978, S. 9–24.

Knoepfli, Adrian: *19. und 20. Jahrhundert.* In: Stein am Rhein. Geschichte einer Kleinstadt. Schleitheim 2007, S. 310–434.

Koelner, Paul: *Aus der Frühzeit der chemischen Industrie Basels.* Basel 1937.

König, Mario/Siegrist, Hannes/Vetterli, Rudolf: *Warten und Aufrücken. Die Angestellten in der Schweiz 1870–1950.* Zürich 1985.

Kunz, Robert M.: *Symbiose zwischen Industrie und Hochschule. Die Abteilung Chemie als Beispiel.* Neue Zürcher Zeitung, 26.11.1980.

Lüthi, Walter: *Die Struktur des Basler Grossen Rates von 1875 bis 1914 nach politischer Parteizugehörigkeit und sozialer Schichtung.* In: Basler Zeitschrift für Geschichte und Altertumskunde, Bd. 62, Basel 1962, S. 125–164, Bd. 63, Basel 1963, S. 125–177.

Medicus, Heinrich A.: *Heinrich Zangger und die Berufung Einsteins an die ETH. Sein Einfluss auf die Besetzung weiterer Physik-Lehrstühle in Zürich.* In: Gesnerus, Swiss Journal of the History of Medicine and Sciences, Vol. 53, 1996, S. 217–235.

Meier, Martin: *Industrielle Umweltverschmutzung am Beispiel der frühen Basler Anilinfarbenindustrie (1859–1873). Wahrnehmung und Reaktion von Fabrikanten, Behörden und betroffener Bevölkerung.* Lizentiatsarbeit Universität Basel, Basel 1988.

Meier, Martin: *Die Industrialisierung im Kanton Basel-Landschaft 1820–1940. Eine Untersuchung zum demographischen und wirtschaftlichen Wandel 1820–1940.* Liestal 1997.

Neue Deutsche Biographie, www.deutsche-biographie.de.

Meyer, Richard: *Victor Meyer. Leben und Wirken eines deutschen Chemikers und Naturforschers, 1848–1897.* (Grosse Männer Bd. 4), Leipzig 1917.

Oechsli, Wilhelm: *Geschichte der Gründung des Eidg. Polytechnikums mit einer Übersicht seiner Entwicklung 1855–1905. Zur Feier des fünfzigjährigen Bestehens der Anstalt verfasst im Auftrage des Schweiz. Schulrates.* Frauenfeld 1905.

Oehler-Hartmann, Robert: *Lebensbild von Karl Gottlieb Reinhard Oehler, 1797–1874, seinen Kindern und Enkeln nebst ausgewählten Abschnitten aus den Erinnerungen von Robert Oehler sowie den Tagebüchern und Briefen Karl Reinhard Oehlers.* Aarau 1956.

Riedl-Ehrenberg, Renate: *Alfred Kern (1850–1893), Edouard Sandoz (1853–1928). Gründer der Sandoz AG.* (Schweizer Pioniere der Wirtschaft und Technik Bd. 44), Zürich 1986.

Rippmann, Ernst: *Steiner Familien-Bildnisse aus vier Jahrhunderten.* Zürich 1952.

Ruesch, Fritz: *Kurzrückblick zur Geschichte der Jakob und Emma Windler-Stiftung in Stein am Rhein.* 4. überarbeitete Fassung, inkl. Ergänzungen des Verfassers und Korrekturen vom 13.11.2001. Ms.

Sarasin, Philipp: *Stadt der Bürger. Struktureller Wandel und bürgerliche Lebenswelt, Basel 1870–1900.* Basel 1990.

Sarasin, Philipp: *Stadt der Bürger. Bürgerliche Macht und städtische Gesellschaft, Basel 1846–1914.* 2., überarbeitete und erweiterte Auflage, Göttingen 1997.

Schär, Hans-Peter: *Von Salz und Seide zur Biotechnologie. Schweizerhall und die Basler Chemie.* Basel 2003.

Schröter, Harm G.: *Unternehmensleitung und Auslandsproduktion. Entscheidungsprozesse, Probleme und Konsequenzen in der schweizerischen Chemieindustrie vor 1914.* In: Schweizerische Zeitschrift für Geschichte, Bd. 44, Heft 1, Basel 1994, S. 14–53.

Schulmann, Robert (Hrg.) et al.: *Seelenverwandte. Der Briefwechsel zwischen Albert Einstein und Heinrich Zangger (1910–1947).* Zürich 2012.

Simon, Christian: *The Rise of the Swiss Chemical Industry Reconsidered.* In: Homburg, Ernst/Travis, Anthony S./Schröter, Harm G. (Hrg.): The Chemical Industry in Europe, 1850–1914. Industrial Growth, Pollution, and Professionalization. (Chemists and Chemistry Bd. 17), Dordrecht 1998, S. 9–27.

Stoll Arthur 1887–1971. Basel 1971.

Straumann, Tobias: *Die Schöpfung im Reagenzglas. Eine Geschichte der Basler Chemie (1850–1920).* Basel 1995.

Straumann, Tobias: *«Die Wissenschaft ist der goldene Leitstern der Praxis». Das deutsche Modell und die Entstehung der Basler Chemie (1860–1920).* In: Busset, Thomas/Rosenbusch, Andrea/Simon, Christian (Hrg.): Chemie in der Schweiz. Geschichte der Forschung und der Industrie. Basel 1997, S. 77–99.

Urner, Klaus: *Vom Polytechnikum zur Eidgenössischen Technischen Hochschule: Die ersten hundert Jahre 1855–1955 im Überblick.* In: Bergier, Jean-François/Tobler, Hans Werner: Eidgenössische Technische Hochschule Zürich 1955–1980, Festschrift zum 125jährigen Bestehen, hrg. vom Rektor der ETH Zürich, Zürich 1980, S. 17–59.

Wilhelm, Arthur: *Gesellschaft für Chemische Industrie in Basel, 1884–1934*, Basel 1934.

Willstätter, Richard: *Aus meinem Leben. Von Arbeit, Musse und Freunden. Hrsg. und mit einem Nachwort versehen von Arthur Stoll.* 2. Auflage, Weinheim 1958.

Windler, Bernhard: *Prof. Dr. Robert Gnehm.* Stein am Rhein 1948.

Wizinger-Aust Robert: *Alfred Kern (1850–1893).* (Schweizer Pioniere der Wirtschaft und Technik Bd. 23). Zürich 1970, S. 9–41.

Zeller, Christian: *Globalisierungsstrategien – der Weg von Novartis.* Berlin 2001.

Bildnachweis

ETH-Bibliothek Zürich,
Bildarchiv/Hochschularchiv
*Umschlagsinnenseite vorne, Seiten 16, 19 links,
23 oben, 23 unten, 29 oben, 51 unten,
58 oben rechts, 60 oben, 60 unten, 63, 64, 67,
68 oben, 71, 72 oben links, 72 oben rechts,
74, 80, 81, 106*

ETH Zürich, Foto von Michael Wiederstein
Seite 9

ETH Zürich Hönggerberg
Seiten 82/83

Firmenarchiv der Novartis AG
*Seiten 24, 34, 36, 40, 43, 50 unten, 51 oben,
58 oben links, 100, Umschlagsinnenseite hinten*

Glarner Wirtschaftsarchiv
Seite 29 unten

Oehler-Hartmann, Robert: Lebensbild von
Karl Gottlieb Reinhard Oehler
Seite 27

Staatsarchiv des Kantons Basel-Stadt
Seiten 47 oben, 47 unten, 50 oben

Stadtarchiv Stein am Rhein
*Seiten 12, 19 oben, 19 unten, 56, 86, 89, 91 oben,
91 Mitte, 91 unten, 95, 96, 102 oben, 102 Mitte,
102 unten, 105*

Willstätter, Richard: Aus meinem Leben.
Von Arbeit, Musse und Freunden
Seite 70

Donatoren

Jakob und Emma Windler-Stiftung
Prof. Dr. Robert Gnehm-Stiftung
Novartis International AG

Dank

Für die Unterstützung bei der vorliegenden Arbeit danke ich den Teams des Novartis-Archivs, des Archivs der ETH, des Schweizerischen Wirtschaftsarchivs, des Staatsarchivs Basel-Stadt, des Stadtarchivs Zürich sowie Roman Sigg vom Stadtarchiv Stein am Rhein, Peter Bretscher für seine kenntnisreichen Auskünfte über die Familie Gnehm und das bürgerliche Leben in Stein am Rhein, Mario König für den intensiven Austausch über Fragen der Basler Chemie, Tobias Straumann für die Ermunterung, die dringend erwünschte Biografie über Robert Gnehm zu schreiben, und Hans Ulrich Wipf für sein wie immer kundiges Aufspüren von Schwachstellen im Manuskript.

Schweizer Pioniere der Wirtschaft und Technik

1. Philippe Suchard
2. J. J. Sulzer-Neuffert, H. Nestlé, R. Stehli, C. F. Bally, J. R. Geigy
3. Johann Jak. Leu
4. Alfred Escher
5. Daniel Jeanrichard
6. H. C. Escher, F.-L. Cailler, S. Volkart, F. J. Bucher-Durrer
7. G. P. Heberlein, J. C. Widmer, D. Peter, P. E. Huber-Werdmüller, E. Sandoz
8. W. Wyssling, A. Wander, H. Cornaz
9. J. J. Egg, D. Vonwiller
10. H. Schmid, W. Henggeler, J. Blumer, R. Schwarzenbach, A. Weidmann
11. J. Näf, G. Naville, L. Chevrolet, S. Blumer
12. M. Hipp, A. Bühler, E. v. Goumoens, A. Klaesi
13. P. F. Ingold, A. Guyer-Zeller, R. Zurlinden
14. Dr. G. A. Hasler, G. Hasler
15. F. J. Dietschy, I. Gröbli, Dr. G. Engi
16. Dr. E. Dübi, Dr. K. Ilg
17. P. T. Florentini, Dr. A. Gutzwiller, A. Dätwyler
18. A. Bischoff, C. Geigy, B. La Roche, J. J. Speiser
19. P. Usteri, H. Zoelly, K. Bretscher
20. Caspar Honegger
21. C. Cramer-Frey, E. Sulzer-Ziegler, K. F. Gegauf
22. Sprüngli und Lindt
23. Dr. A. Kern, Dr. G. Heberlein, O. Keller
24. F. Hoffmann-La Roche, Dr. H. E. Gruner
25. A. Ganz, J. J. Keller, J. Busch
26. Dr. S. Orelli-Rinderknecht, Dr. E. Züblin-Spiller
27. J. F. Peyer im Hof, H. T. Bäschlin
28. A. Zellweger, Dr. H. Blumer
29. Prof. Dr. H. Müller-Thurgau
30. Dr. M. Schiesser, Dr. E. Haefely
31. Maurice Troillet
32. Drei Schmidheiny
33. J. Kern, A. Oehler, A. Roth
34. Eduard Will
35. Friedrich Steinfels
36. Prof. Dr. Otto Jaag
37. Franz Carl Weber
38. Johann Ulrich Aebi
39. Eduard und Wilhelm Preiswerk
40. Johann J. und Salomon Sulzer, 2. Auflage
41. Fünf Schweizer Brückenbauer
42. Gottlieb Duttweiler
43. Werner Oswald
44. Alfred Kern und Edouard Sandoz
45. Johann Georg Bodmer
46. Sechs Schweizer Flugpioniere
47. Welti-Furrer
48. Drei Generationen Saurer
49. Ernst Göhner
50. Prof. Dr. Eduard Imhof
51. Jakob Heusser-Staub
52. Johann Sebastian Clais
53. Drei Schweizer Wasserbauer
54. Friedrich von Martini
55. Brown und Boveri, 2. Auflage
56. Philippe Suchard, 3. Ausgabe
57. Brauerei Haldengut
58. Jakob und Alfred Amsler
59. Franz und August Burckhardt
60. Arnold Bürkli
61. Von Schmidheiny zu Schmidheiny
62. Rieter (Band 1 Geschichte, Band 2 Technik)
63. Schweizer Flugtechniker und Ballonpioniere
64. Geilinger Winterthur
65. Die Zisterzienser im Mittelalter
66. Ludwig von Tetmajer Przerwa
67. Schweizer Wegbereiter des Luftverkehrs
68. Brauerei Hürlimann
69. Sechs Alpenbahningenieure
70. Zeller AG
71. Hermann Kummler-Sauerländer, 3. Auflage

72 Gottlieb Duttweiler
73 David und Heinrich Werdmüller
74 Vier Generationen Fischer, Schaffhausen
75 Aurel Stodola
76 Rudolf Albert Koechlin
77 Pioniere der Eisenbahn-Elektrifikation, 2. Auflage
78 Tuchschmid, Frauenfeld
79 Drei Generationen Wander
80 Schaffhauser Spielkarten
81 Sieben Bergbahnpioniere
82 Die Linthingenieure im 19. Jahrhundert
83 Bucher: Maschinen- und Fahrzeugbau
84 Fünf Pioniere des Flugzeugbaus, 2. Auflage
85 Heinrich Moser
86 Louis Favre
87 Salomon und Ulrich Zellweger
88 250 Jahre Landis Bau AG
89 Pioniere der Dampfschifffahrt
90 Carl Christian Friedrich Glenck
91 Fünf Generationen Badrutt
92 Zoo Zürich
93 Johann Albert Tribelhorn
94 150 Jahre Lenzlinger
95 Heinrich Fueter
96 Karl Heinrich Gyr
97 Schweizer Pioniere der Erdölexploration
98 Arthur Welti. Ein Schweizer Radiopionier
99 Glarner Textilpioniere
100 Schweizer Erfolgsgeschichten
101 Die einzigartige Geschichte der SV Group
102 Robert Gnehm

In französischer Sprache:

1 Philippe Suchard
2 Daniel Jeanrichard
3 D. Peter, T. Turrettini, E. Sandoz, H. Cornaz
4 J. J. Mercier, G. Naville, R. Thury, M. Guigoz
5 M. Hipp, J. J. Kohler, J. Faillettaz, J. Landry
6 F. Borel, M. Birkigt, e.a.
7 E. Dübi, K. Ilg
8 Maurice Troillet
9 Charles Veillon
10 Alfred Stucky
11 René Wasserman
12 Zeller SA
13 Gottlieb Duttweiler
14 Louis Favre
15 Carl Christian Friedrich Glenck

In englischer Sprache:

1 Daniel Jeanrichard
2 E. Dübi, K. Ilg
3 Rieter (Vol. 1 History, Vol. 2 Technology)
4 From Schmidheiny to Schmidheiny
5 Five generations of the Badrutt family

Sonderpublikationen:

1 Sechs Jahrzehnte. Wandlungen der Lebenshaltung und der Lebenskosten ab 1900
2 100 Jahre Therma Schwanden
3 Alfred Escher
4 Hermann Kummler-Sauerländer: Ein Schweizer Elektrizitätspionier in Deutschland
5 Simplontunnel 1906. Wagnis Elektrifikation – Hermann Kummlers Leitungsbau
6 100 Jahre Genossenschaftsverband Schaffhausen
7 Erdöl in der Schweiz. Eine kleine Kulturgeschichte
8 Fritz Krüsi: Konstrukteur von Weltrang und Wegbereiter des modernen Holzbaus

Impressum

Verein für wirtschaftshistorische Studien

Vorstand:

Dr. Kurt Moser, Präsident
Dr. Hans Bollmann
Dr. Lukas Briner
Prof. Dr. Joseph Jung
Anna-Marie Kappeler
Christian Rogenmoser
Dr. Gerhard Schwarz

Geschäftsführer:

Dr. Bernhard Ruetz

Wissenschaftliche Mitarbeiterin:

lic. phil. Susanna Ruf

Geschäftsstelle:

Verein für wirtschaftshistorische Studien
Vogelsangstrasse 52
CH-8006 Zürich
Tel.: +41 (0)43 343 18 40
Fax: +41 (0)43 343 18 41
ruetz@pioniere.ch
www.pioniere.ch

© Verein für wirtschaftshistorische Studien, Zürich

Alle Rechte vorbehalten

Adrian Knoepfli, «Robert Gnehm: Brückenbauer zwischen Hochschule und Industrie», Schweizer Pioniere der Wirtschaft und Technik, Bd. 102, hrsg. vom Verein für wirtschaftshistorische Studien, Zürich 2014.

Redaktion und Lektorat: Dr. Bernhard Ruetz, lic. phil. Susanna Ruf
Gestaltungskonzept: Angélique Bolter, Arnold.KircherBurkhardt AG
Realisation: Daniel Peterhans, Arnold.KircherBurkhardt AG
Produktion: R+A Print GmbH, CH-8752 Näfels

ISBN 978-3-909059-64-5

Nächste Seite:
Sandoz-Gebäude, 1961.